踏切事故はなぜなくならないか

関西大学社会安全学部教授
安部誠治 編著
Abe Seiji

高文研

はじめに

二〇一三年の初秋から一四年の春にかけて、踏切事故に関して連続してマスメディアの取材を受けた。いくつかの新聞にコメントが掲載され、NHKの『視点・論点』に出演し解説も行った。やり取りを交わした記者やディレクターの皆さんに共通した問題意識は、最近、高齢者や認知症患者の踏切事故が増加傾向にあるのではないか。その対策はどうあるべきか、といった点にあった。

確かに、近年、高齢者が踏切事故の被害者となる事例が目立っている。例えば、二〇一一年一〇月に西武新宿線・田無駅脇の踏切で、七四歳（事故当時）の認知症の高齢者が遮断機の下りた踏切内で、引き返そうとして電車にはねられ亡くなった。また、一二年三月にも、認知症の高齢者（事故当時七五歳）が、東武東上線・川越駅近くの踏切で死亡している。

二〇〇七年一二月に愛知県下で、認知症の高齢者（事故当時九一歳）が線路内に入り、列車にはねられて死亡した事故があった。JR東海がその遺族に列車遅延の損害賠償を求めた民事裁判の判決が、一三年八月に名古屋地裁であったが、遺族に全額賠償を命じた、認知症患者の介護の実態・現実からかけ離れた問題点の多い判決だった。どうも相次ぐ踏切事故の発生や名古屋地裁の判決などが、記者の皆さんの右記のような問題意識の醸成につながったようだ。

わが国では、旅客輸送において鉄道が大きな役割を果たしている。このことは、それだけ鉄道ネットワークが発達し、踏切の数も多いということを意味している。例えば、ヨーロッパで最も旅客輸送量が多く、2万9973㎞の鉄道路線を持つフランス（面積は日本の約一・五倍）と比較してみよう。わが国の場合、踏切の数は3万3655箇所（二〇一四年三月）であるのに対し、フランスのそれは約半分の1万8055箇所（一四年六月）である。一方、一年間の踏切事故件数を比較してみると、フランスのそれは110件（一〇年）であるのに対して、わが国は295件（一三年度）である。換言すれば、日本は、踏切事故のリスクも高い国であるといえる。

踏切事故は、わが国では鉄道が開業した明治の初期から起こっていたが、事故件数とそれによる死傷者数が激増したのは、モータリゼーションが本格化した一九五〇年代以降のことである。その後、「踏切道改良促進法」などの法律も制定され、関係者によって踏切の安全対策が推進された結果、今日では、その年間の発生件数は300件程度（それによる死者数は100人前後）と、ピーク時の約一八分の一まで減少している。

しかし、その一方で近年、目立ってきたのが前述した被害者の高齢化である。今、日本社会では人口の高齢化が急速に進んでいる。それに伴い、厚生労働省の推計によれば、二〇二五年には認知症の人は700万人に達するとされている。これは、六五歳以上の高齢者の実に五人に一人に相当する数である。踏切の安全対策は、新しい課題を突き付けられているのである。

本書は、こうした近年の新たな状況を踏まえ、踏切事故を減少させ、また、それによる被害の軽減を図るために、現状の整理を行い、それをもとに幾つかの提言を行ったものである。本書が踏切のさらなる安全の向上にいささかでも資することができれば、執筆者一同、望外の喜びである。

二〇一五年　雨水の日に

安部　誠治

目次

装丁＝商業デザインセンター・増田 絵里

I

踏切事故とその防止対策

安部誠治（関西大学社会安全学部教授）

1　踏切事故の現状

◇鉄道事故と踏切事故

わが国は、四方を海に囲まれていることで大量かつ重量貨物は船で輸送され、また、国土も広くないので貨物輸送にはトラックが多用されている。そのため、貨物の輸送手段として鉄道はほとんど活用されていない。しかし、旅客輸送の場合は事情が異なる。輸送の大量性や速達性、定時性に優れた乗り物である鉄道は、特に人口規模の大きい都市圏における通勤・通学輸送や、都市間輸送において極めて大きな役割を果たしている。日本の鉄道の旅客輸送量は、インド、中国についで世界第三位で、先進国の中だけをみると他の諸国を大きく引き離して第一位である。

とはいえ、物事には光と影がつきものである。旅客鉄道がこれだけ発達しているということは、他面で、それだけ安全上のリスクが存在するということを意味する。

鉄道のリスクを評価する一つの尺度は、事故である。わが国では、国土交通省の「鉄道事故等報告規則」において、鉄道事故は以下のように整理・分類されている。すなわち、それは公式には「鉄道運転事故」と呼ばれ、具体的には列車衝突事故、列車脱線事故、列車火災事故、踏切障害事

表Ⅰ－1　鉄道運転事故の発生状況

2013年度

	列車衝突	列車脱線	列車火災	踏切障害	道路障害	人身傷害	物損	合計
件数（件）	2	15	0	288	55	421	9	790
死者（人）	0	0	0	93	0	183	－	277
負傷者（人）	99		0	95	17	243	－	407

（出所）国土交通省の「鉄軌道輸送の安全にかかわる情報（平成25年度）」

故、道路障害事故、鉄道人身障害事故、鉄道物損事故の七つがこれに含まれる。

国土交通省の「鉄軌道輸送の安全にかかわる情報」によれば、二〇一三年度中に発生した鉄道運転事故の総件数は７９０件で、その内訳は鉄道人身傷害事故が４２１件、踏切障害事故が２８８件、道路障害事故が55件、列車脱線事故が一五件、鉄道物損事故が９件、そして列車衝突事故が2件であった（表Ⅰ－1参照）。なお、列車火災事故は一一年度に1件、一二年度に2件発生しているが、一三年度は発生していない。

鉄道事故といえば、一般には二〇〇五年四月に起こったＪＲ西日本の福知山線事故のような列車の脱線事故、ないしは衝突事故を想起しがちである。ところが、列車の脱線・衝突事故は、それほど頻繁に起こっているわけではない。最近5年間の平均をみると、1年あたりの発生件数は脱線事故が12・8件、衝突事故が１・６件、そして火災事故はわずか０・８件である。鉄道事故で多いのは、こうした列車の脱線・衝突・火災事故ではなく、表Ⅰ－1からも分かるように、ホームからの転落などの鉄道人身傷害事故、そして踏切障害事故である。実に鉄道事故全体の約9割が、これら二つの事故で占められているのである。

表Ｉ－２　鉄道事業者別の踏切数

（2014年３月末現在）

事業者	第１種	第２種	第３種	第４種	合　計
ＪＲ（在来線）	18,738	0	531	1,669	20,938
民鉄	10,747	0	242	1,274	12,263
大手民鉄	5,607	0	51	14	5,672
中小民鉄道	5,140	0	191	1,260	6,591
路面電車	394	0	21	38	453
公営地下鉄	1	0	0	0	1
合　計	29,880	0	794	2,981	33,655

（出所）国土交通省の「鉄軌道輸送の安全にかかわる情報（平成25年度）」

また、事故による死傷者の数をみても、二〇一三年度の場合、死者はそのすべて、負傷者はその7割強がこれら二つの事故によるものである。したがって、踏切障害事故への対応は、人身傷害事故対策とならんで、鉄道の安全を考える上で極めて重要な課題であるといえる。

以下、本書では、鉄道運転事故のことを鉄道事故、踏切道のことを踏切という。また、踏切障害事故のうち脱線に至ったものは列車脱線事故に分類されるが、それらを含め踏切内で発生した事故全体を、特に断らない限り踏切事故という。

◇踏切の種類

わが国の踏切には、第1種、第2種、第3種、第4種の四つのタイプがある。

第1種踏切とは、自動遮断機が設置されているか、または踏切保安係によって遮断機が操作されている踏切のことをいう。最も一般的な踏切で、二〇一四年三月末現在、表Ｉ―2のとおり、全国に2万9880箇所存在する。

第2種踏切とは、一定時間に限り踏切保安係が遮断機を操作する踏

表Ⅰ－3　踏切種別の100箇所当たり事故件数

	2009年	2010年	2011年	2012年	2013年
第1種踏切	0.88	0.83	0.91	0.87	0.83
第3種踏切	1.16	1.43	1.16	0.95	0.98
第4種踏切	1.41	1.63	1.33	1.08	1.30
計	0.94	0.92	0.95	0.89	0.88

（出所）内閣府『交通安全白書』に基づき作成。

切のことをいう。一九八〇年頃まで存在したが、現在では全廃されていて存在しない。

第3種踏切とは、踏切警報機と踏切警標は付いているが、遮断機は設置されていない踏切のことをいう。表Ⅰ―2のとおり、全国に794ある。

最後に第4種踏切とは、踏切警標はあるが、踏切保安係はおらず、遮断機も警報機もない踏切をいう。一四年三月末現在、全国に2981ある。

踏切は、今からおよそ半世紀前の一九六一年には、全国に7万7738箇所もあった。しかし、立体交差化や統廃合が推進されたことによって今日では3万3655箇所と、その数は半減している。

ところで、踏切の種別によって事故のリスクに違いはあるのだろうか。

表Ⅰ―3は、最近5年の、踏切一〇〇箇所当たりの事故件数を踏切種別で比較したものである。同表が示すとおり、踏切全体で一〇〇箇所当たり1年間に0・9件前後の事故が発生しているが、第3種及び第4種踏切ではその発生率は高くなっている。つまり、踏切種別によって、事故のリスクに違いがあるということになる。特に、遮断機も警報機も設置されていない第4種踏切での発生率は、1・30（二〇一三年）とずば抜けて高い。

第4種踏切は、一般に通行量の多くない場所に設置されていることから、その安全対策も見落とされがちである。しかし、事故リスクの高さを考慮すると、安全対策の強化が必要である。

◆踏切事故の推移

踏切事故とは「踏切道において、列車又は車両が道路を通行する人又は車両等と衝突し、又は接触した事故」(「鉄道事故等報告規則」第三条)のことをいう。踏切事故は、一九世紀の鉄道の開業とともに発生するようになった、社会災害の一つである。ただし、それが大きな社会問題として認識されるようになったのは、わが国ではモータリゼーションが進展しはじめた一九五〇年代以降のことである。『交通年鑑』の一九六二年度版は、当時の国鉄の踏切事故の発生状況を次のように記している。

「踏切道で列車と車馬又は歩行者と衝撃した踏切事故は交通量の増加に伴い年々新記録が続出している。即ち昭和二二年度の五一三件を底として、その後自動車類や列車回数の増加、列車スピードアップなどによって、踏切事故も逐年急ピッチに増加し、昭和三五年度は2738件となり、前年度に比較して230件(9%)増、昭和二二年度に比較して約5倍の驚異的増加を示している」。

車馬という現在では死語に近い言葉が用いられているなど、歴史的な趣をも感じさせるが、それはさておき「新記録続出」「驚異的増加」など当時の踏切事故の状況がよく伝わってくる記述では

図Ⅰ－１　踏切事故件数の推移

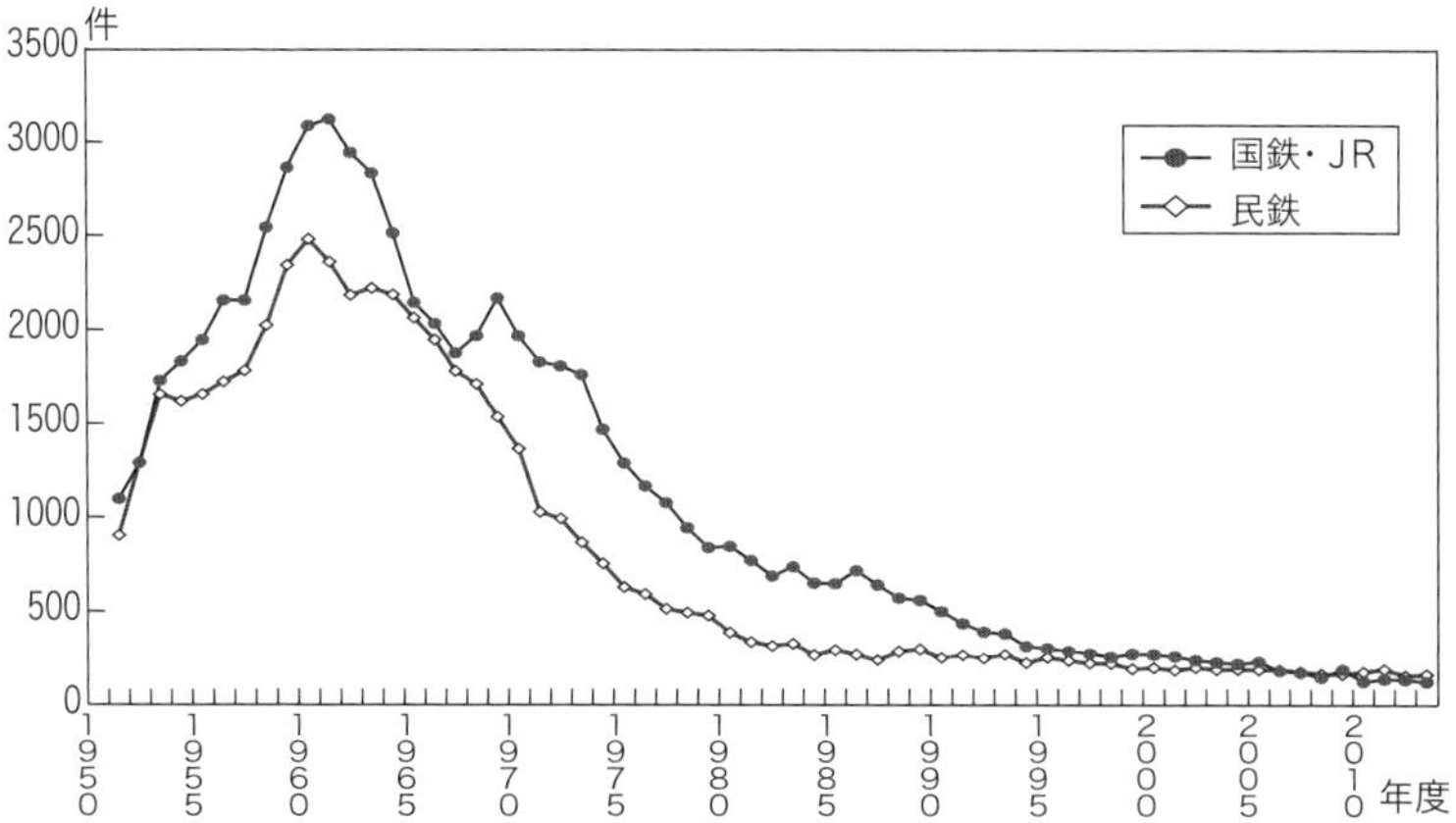

（出所）『数字で見る民鉄』『数字で見る鉄道』『交通年鑑』などから作成。

ある。

ここで、踏切事故の歴史的な推移を確認しておこう。図Ⅰ―1は、一九四九年度から現在までの踏切事故件数の推移を、国鉄（八七年以降はＪＲ）と民鉄とに分けてみたものである。同図が示すように、四九年度の年間踏切事故件数は、国鉄・民鉄を合わせて１５００件程度であったのが、一九五〇年代の半ばから著増し、五八年度には４千件、そして五九年度には５千件を超えるに至った。そのピークは六〇年度で、この年、国鉄と民鉄を合わせた踏切事故の総発生件数は５５６９件にも達した。

また、これによる死傷者数も、図Ⅰ―2のとおり、事故件数の推移とほぼ同じ傾向で推移している。すなわち、国鉄と民鉄を合わせた年間の死傷者数は、五〇年代半ばから年間３千人を超え、五九年度には４４８１人とそのピークを迎えた。踏切事故による、年間の死傷者数が２千人を切るようなったのは、ようやく七〇年代に入ってからのことである。

図Ⅰ－2　踏切事故の死傷者数の推移

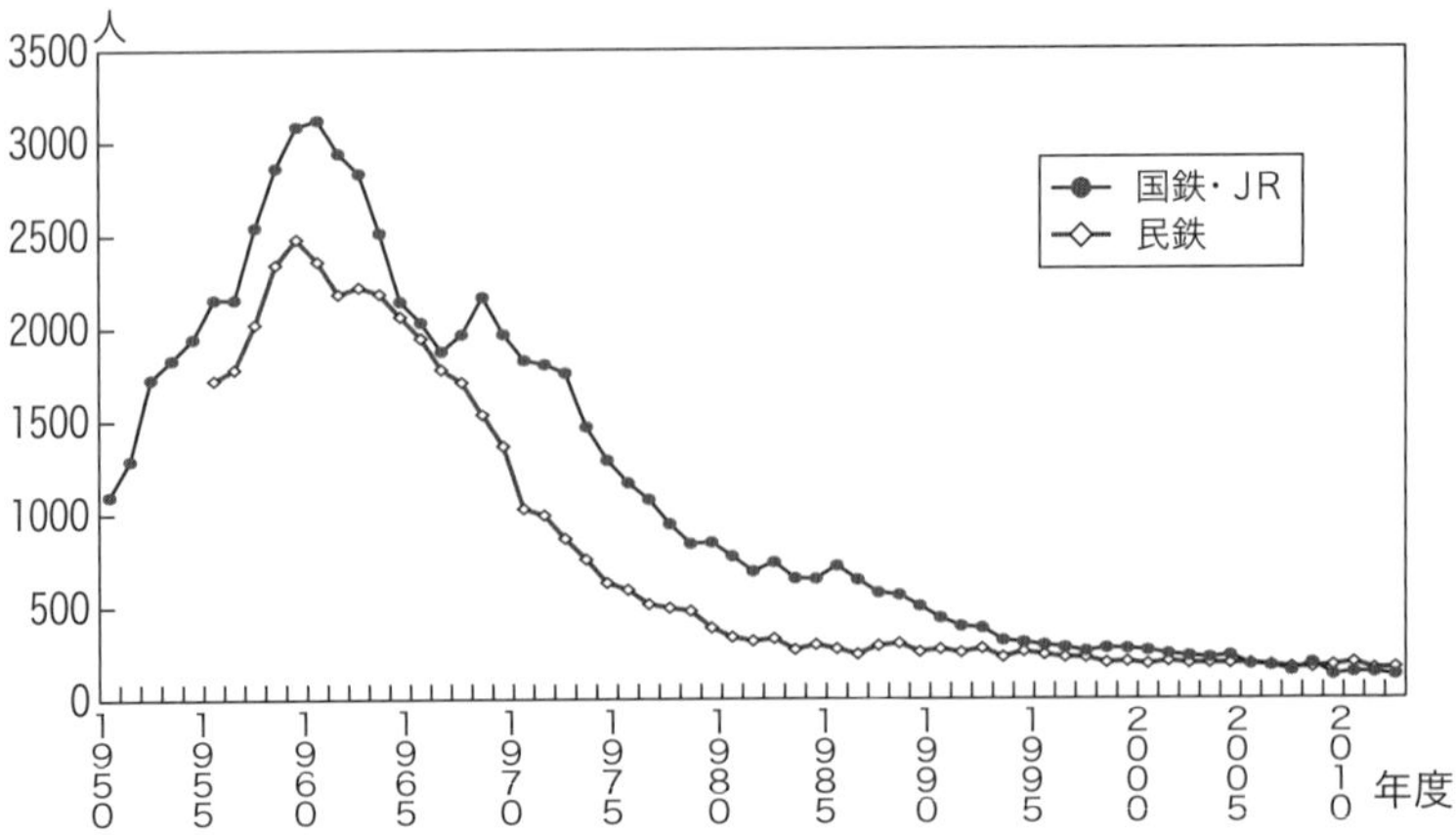

（出所）『数字で見る民鉄』『数字で見る鉄道』『交通年鑑』などから作成。

踏切事故は、単に死傷者の発生という人的被害が生じるのみではない。事故が起きると、列車が立ち往生し、ダイヤは大きく乱れてしまう。大きな事故になればなるほど、列車の不通状態が継続し、都市機能の維持に大きな支障が出る。

こうした踏切事故とそれによる被害の著増という事態を受けて、後述するように、六一年には「踏切道改良促進法」が制定・施行された。同法の施行は、鉄道事業者や国など関係者による踏切の安全対策の拡充を促す大きな契機となった。その結果、七〇年代以降、踏切事故は発生件数、死傷者数とも大きな減少傾向を示すようになった。こうして、かつては鉄道事故の大半を占めていた踏切事故は、現在では年間３００件程度まで、また鉄道事故全体に占めるその割合も約４割程度まで低減している。

◆海外の踏切事故

鉄道と道路が平面交差している場所が踏切である。道路は、人間の文明が始まり、地域間の人間の交流が始まった大昔から存在するものであるが、鉄道は一九世紀に生まれた、人間の長い歴史からみれば新しい乗り物である。踏切事故は、いささか大仰な表現をすると、鉄道の登場に伴う新たな文明の負の産物であると形容できる。

　わが国で鉄道が開業したのは、一八七二年（新橋〜横浜・桜木町間）のことである。第Ⅱ章でも述べられているように、踏切は当初、「横路」や「横切馬車道」などと呼ばれていた。踏切という言葉が用いられるようになったのは、鉄道開業からしばらく経った、一八七〇年代の末になってからである。

　踏切は、英語圏では、grade crossing や railroad crossing などの呼び方もあるが、一般的には英国起源の level crossing が用いられている。水平面（level）を横切ること（crossing）といった意味になる。フランス語では英語の意味をほぼ直訳した un passage à niveau（業界の略称はＰＮ）、スペイン語も同様に un paso a nivel である。また、鉄道を鉄路、道路を馬路とも呼ぶ中国語では平交道といわれ、韓国ではコンノルモク（건널목）と呼ばれている。その語義は「渡る場所」である。

　世界の約１９０の鉄道事業者が加盟する、パリに本部を置くＵＩＣ（国際鉄道連合）は、毎年、ヨーロッパ21か国の鉄道重大事故の現況を取りまとめた報告書を公表している。この場合の重大事故とは、１名以上の死傷者の出た事故、15万ユーロ以上の物損が出た事故、６時間以上列車の運行が止まった事故のいずれかをいう。その最新の報告書（Safety Database Report 2014）によれば、二〇一三年に発生した１８７３件の重大事故のうち、３６０件が踏切事故だった。つまり、発生し

表Ⅰ―4　ＥＵ21か国の踏切事故の状況

年次	事故件数		死者数			全事故に占める割合	全死者数に占める割合	百万列車キロ当たり踏切事故件数	百万列車キロ当たり踏切事故死者数
	21国	(日本)	乗客	従業員	歩行者等の第3者				
2006	664	(371)	1	2	350	28%	27%	0.16	0.09
2007	634	(352)	2	1	428	28%	32%	0.15	0.11
2008	539	(314)	―	3	325	25%	27%	0.13	0.08
2009	493	(355)	2	1	374	22%	28%	0.12	0.09
2010	495	(303)	1	3	315	23%	28%	0.12	0.08
2011	447	(331)	6	1	277	22%	26%	0.11	0.07
2012	510	(295)	―	1	325	26%	32%	0.12	0.08
2013	479	(290)	―	1	280	26%	26%	0.12	0.07

（出所）UIC, Safety Database Report 2014，日本の事故件数は参考。

た重大事故の4件に1件が踏切事故ということになる。

ここで、ヨーロッパにおける踏切事故の発生状況と日本のそれとを比較しておこう。

まず、実数をそのまま比較すると、表Ⅰ―4のとおり、ＥＵ21か国の踏切事故の総件数は、日本のそれよりも年間１００〜２００件程度多い。ただし、これだと列車の運行頻度などの条件を考慮していないので、比較に正確さを失してしまう。そこで、列車走行百万キロ当たりの踏切事故の発生件数を比較してみると、二〇一三年の場合、ＥＵ21か国の平均が０・12であるのに対し、日本は０・22であった。また、同様に死者数についてみてみると、ＥＵ21か国、日本とも同じ０・07であった。つまり、両者の間で踏切事故の死者数に顕著な違いはないが、事故の発生件数は日本がかなり多いということになる。

ＥＵ諸国と比較して日本の踏切事故の発生件数が多いことの一つの要因は、踏切数の違いにあろう。国土交通省の調べによれば、二〇一〇年現在の世界の主要都市の踏切数は、東京二三区が６６８であるのに対して、ニューヨークは１０９、ロンドンは12、ベルリンは46、パリは17、またソウルは16となっている。しかも、日本の可住地面積は国土の34％しかなく、そこに鉄道や道路がひしめき合っており、大都市圏では鉄道の運行頻度も高い。そうしたことが、わが国で踏切事故が多発する要因となっていると考えられる。

◆踏切事故の現状

わが国の踏切事故の現況は、毎年公表されている国土交通省の「鉄軌道輸送の安全にかかわる情報」や、内閣府の『交通安全白書』などによって知ることができる。本稿執筆時点での最新のデータは、二〇一三年度分である。

繰り返しになるが、二〇一三年度に発生した踏切事故は、鉄道事故全体の36・７％に当たる２９０件であった。また、踏切事故による死者数は93人、負傷者数は１０３人で、それぞれ全体の33・６％、ならびに22・７％を占めていた。

２９０件の内訳を踏切種別でみてみると、第1種踏切で２４６件、第3種踏切で6件、第4種踏切で38件発生している。換言すると、踏切事故の85％は第1種踏切で起こっているということになる。

さらに、衝撃物別にみると、自動車が１４４件（49・７％）、次いで歩行者が94件（32・４％）で、以下、自転車などの軽車両が35件（12・1％）、二輪車が17件（5・9％）となっている。

原因別にみると、直前横断が１４３件（49・3％）、落輪・エンスト・停滞が97件（33・4％）、側面衝撃・限界支障が35件（12・1％）、その他が15件（5・2％）であった。この場合の側面衝撃・限界支障とは、自動車等が通過中の列車等の側面に衝突したもの、及び自動車等が列車等と接触する限界を誤って支障し停止していたため、列車等が接触したものをいう。

踏切事故が減少局面に入った、今から約40年前の一九七九年度と比較しておこう。

この年、踏切事故の総発生件数は１７５８件だったが、衝撃物別にみると、自動車が１２４４件（70・8％）、次いで歩行者が２５５件（14・5％）で、以下、軽車両が１８５件（10・5％）、二輪車が74件（4・2％）であった。自動車と歩行者を合わせた割合は約85％なので、その割合は当時と現在とでほとんど変わらない。大きく違うのは、自動車と歩行者の構成比である。すなわち、40年前は自動車が約7割を占めていたのが、現在はそれが大きく減って、代わりに歩行者の割合が大幅に増えている。

原因別もみておこう。一九七九年度で最も多かったのが全体の69・9％を占める直前横断だった。次いで、落輪・停滞・エンストが３２１件（18・3％）で、さらに限界支障が１７８件（10・1％）となっていた。40年前と比べると、現在は直前横断の割合が減って、落輪・エンスト・停滞の割合が増えている。以上のとおり、その割合が減っているとはいえ、昔も今も、踏切事故の原因で最も多いのは、直前横断である。

図Ⅰ—３　関係者年齢別の歩行者踏切事故件数
（2010 ～ 2013 年度の合計）

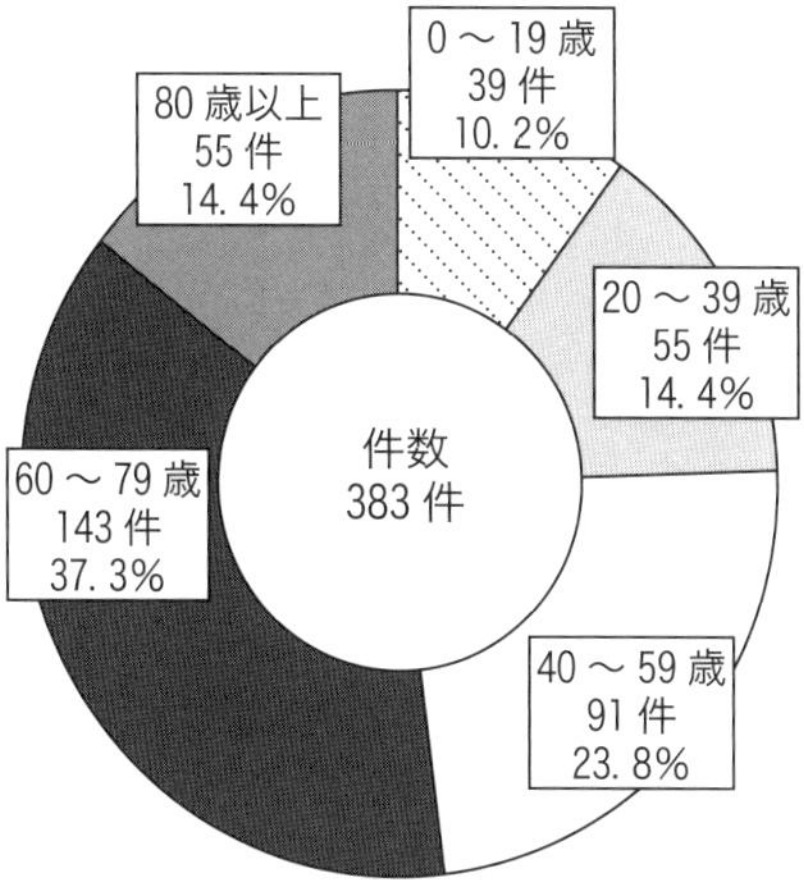

（出所）国土交通省『鉄軌道輸送の安全にかかわる情報（平成 25 年度）』

◇踏切事故と高齢者

すでに再三述べてきたように、踏切事故の発生件数は近年、大きく減少し、二〇〇六年度には４００件をきり、ここ10年は年間３００件程度で横ばい状態にある。

近年の踏切事故の顕著な特徴は、歩行者が衝撃物となる事例が増加しているという点にある。二〇一三年度の場合、前述したように、踏切事故全体の32・４％は歩行者が衝撃物となった事故だった。

加えて、近年の踏切事故の特徴として、高齢者に関係する事故が増加しているという点も挙げておかなければならない。

すなわち、二〇一〇年～一三年に発生した歩行者が衝撃物となった踏切事故３８３件を年齢別に区分してみてみると、それぞれ〇～一九歳が10・２％、二〇～三九歳が14・４％、四〇～五九歳が23・８％、

図Ⅰ—4　関係者年齢別の自動車踏切事故件数
（2010～2013年度の合計）

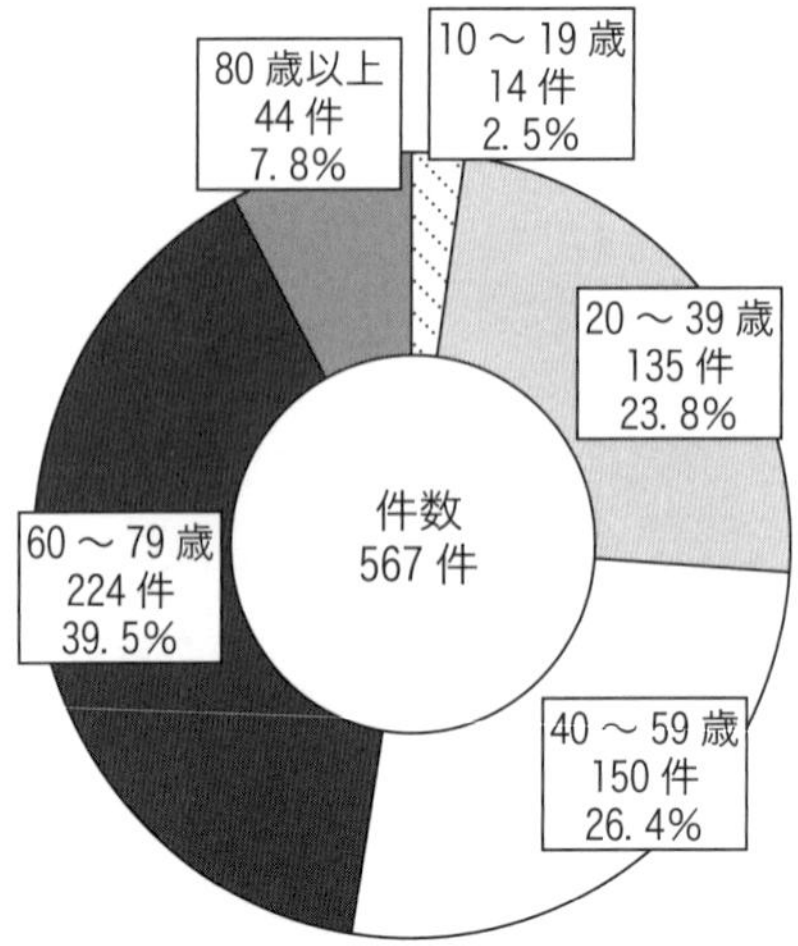

（出所）国土交通省『鉄軌道輸送の安全にかかわる情報（平成25年度）』

六〇～七九歳が37・3％、八〇歳以上が14・4％となっていた。つまり、歩行者が衝撃物となった踏切事故の約半分が六〇歳以上の年齢層で占められていた（図Ⅰ—3参照）。

また、同じ期間中に列車と自動車が衝突した踏切事故は567件発生しているが、そのうちドライバーが六〇歳以上の者であった件数は、全体の47・3％に当たる268件であった（図Ⅰ—4参照）。さらに、この期間中、第一種踏切において発生した自動車が関係する事故の原因で最も多かったのは173件の停滞であるが、その半分強の93件が、六〇歳以上のドライバーによるものだった。

日本の総人口に占める六〇歳以上の人口の割合は二〇一二年現在、30・7％である。人口構成比に照らしてみると、踏切事故に占める高齢年齢層の割合は突出していることが分かる。

ところで、鉄道事故、航空事故、交通事故（自動車事故）、船舶事故の四つを合わせて運輸事故と呼ぶが、運輸事故の中で交通事故は、その犠牲者数の多さという点で最大の問題である。ＷＨＯ（世界保健機関）によれば、世界の年間の交通事故死者数は約１２０万人なので、26秒間に一人の割合で、死者が出ていることになる。同じように日本の場合をみてみると、犠牲者の数は５１５２人（二〇一三年、三〇日以内死者）なので、その発生割合は約１００分に一人ということになる。

自動車先進国の欧米諸国と比較した、日本の交通事故の際立った特徴は、以下の二点である。

第一は、日本では、歩行中ならびに自転車乗車中の死者数が極めて多いという点である。すなわち、交通事故死者の全体に占める歩行中の死者の割合は、欧米主要国の大半が10～15％であるのに対し、日本は33％と突出して高い。自転車乗車中の死者数の割合も、ほとんどの国が５％前後であるのに対し、日本の場合は16％と高率である。

第二は、死者のうち、高齢者の割合が高いという点である。すなわち、死者全体に占める六五歳以上の年齢層の構成率は、ほとんどの欧米諸国では20％程度であるのに対し、日本の場合は実に49％に達している。

しかも、他国では人口に占める高齢者の割合と交通事故死者数に占める高齢者の割合がほぼパラレルなのに対し、わが国では人口構成比は23％であるにもかかわらず、死者数の割合は49％と極めて高い数値となっている。交通事故も踏切事故も、運動能力や認知能力が衰える高齢者対策の拡充・強化が喫緊の課題となっているといえる。

2　踏切事故をなくすには

◇踏切対策に関する法律と制度

踏切の安全対策は、単に鉄道事業者のみが講じるのではなく、連続立体交差事業にみられるように、国や地方自治体も関与・連携しながら推進されている。わが国における踏切事故防止対策の中心となる法律は、一九六一年に制定・施行された、踏切道改良促進法である。また、国や自治体が関与する踏切対策の中で、最も大規模なものは連続立体交差事業であるが、それを促進するための制度として二〇〇七年に「都市における道路と鉄道との連続立体交差化に関する要綱」及びその「細目要綱」が定められている。以下、踏切事故の防止にとって極めて重要な、これら二つの法令の概要を述べておく。

運輸の安全を促進する法律として、わが国には一九七〇年に制定された交通安全対策基本法がある。同法は、自動車、鉄道、船舶、航空における交通安全対策の総合的かつ計画的な推進を図るために施行された、運輸の安全に関する基本法である。踏切道改良促進法は、それに10年も先立って一九六一年に施行された、踏切の改良を促進することで「交通事故の防止及び交通の円滑化に寄与する」（同法第一条）ことを目的とした法律である。

同法は、当初5年間の時限立法として施行された。すなわち、一九六一年度から六六年度までの5年間において、改良の必要があると認められる踏切について、立体交差化及び構造の改良については運輸大臣及び建設大臣（現在は国土交通大臣）が、また、保安設備の整備については運輸大臣がそれぞれ、その改良の方法を定めて指定する。

一方、当事者である鉄道事業者及び道路管理者は、指定された踏切の改良に関する計画を作成して提出し、その計画にしたがって改良工事を実施する義務を負う。また、立体交差化や構造改良に関する費用は、鉄道事業者及び道路管理者が協議して負担し、保安設備に関する費用は、鉄道事業者が負担するものの、国または地方公共団体が費用の一部を補助することができる、という内容のものであった。

ところで、わずか5年間で全国の踏切の改良を完了させることなど、そもそも不可能である。そのため、その後、同法は5年ごとに改正という形をとって指定期間の延長が10回繰り返され、現在に至っている。直近の改正は、二〇一一年三月に行われたが、その際、指定期間の延長だけでなく、それまで義務化されていた改良計画の作成が任意化された。指定を受けた踏切について、地域の実情に応じた柔軟な改良の実施を促すという観点から行われた改正であった。とはいえ、改良計画の有無（提出）にかかわらず、指定期間内または改良計画に基づく踏切の改良は依然として義務化されており、当初の立法主旨は変更されていない。

また、これに先立つ二〇〇六年四月の改正では、改良方法に横断歩道橋等の整備を追加し、加えて正当な理由なく踏切の改良を実施しない鉄道事業者や道路管理者に対する勧告制度、及び踏切改良の実施状況についての報告徴収制度の新設、連続立体交差化に係る無利子貸付制度の創設などが行われている。

踏切道改良促進法の最も重要な意義は、早急に改良が必要な踏切が、指定という形で公に明示されることによって、関係者に踏切改良の促進を促した点にある。事実、この法の施行が契機となって、わが国の踏切の安全対策は大きく前進している。

次に、二〇〇七年八月の「都市における道路と鉄道との連続立体交差化に関する要綱」（以下「連立要綱」という）についてみておく。

二〇〇一年に国土交通省が誕生するまで、日本の交通インフラ整備は、長らく旧運輸省が鉄道・港湾・空港を所管し、一方、道路建設は旧建設省が所掌していた。したがって鉄道と道路の連続立体交差を進めるには、運輸省と建設省の調整を図る必要があった。そのために六九年九月に両省間で結ばれたのが、「都市における道路と鉄道との連続立体交差に関する協定」である。その後、この協定は、国鉄の分割・民営化（八七年）や地価の上昇など社会状況が変化したことで九二年三月に改定された。「連立要綱」は、この九二年三月の改定協定が再改定されたものである。

全体で一二条からなる「連立要綱」には、都市計画事業として推進される連続立体交差化に関して、事業の該当基準や施行方法、費用負担方法など必要な事項が定められている。連続立体交差事業は、後で具体的にみるが、多額の費用がかかる。そのため、これを促進するには費用負担の方法が明確にされておく必要がある。この点については「要綱」の第七条において、都市計画事業の施行者（地方自治体）と鉄道事業者が費用負担を行うものとする、と明記されている。負担の割合は、事業箇所の存在する地域により鉄道事業者の受益が異なることから一律ではなく、事業費の85〜96％は事業主体の都市側が負担し、残りの4〜15％を鉄道事業者が負担することとなっている。なお、都市側負担分のうち、その二分の一は国庫補助される。

実際の費用負担の実例として、大阪市が事業主体となって進められている阪急京都線・千里線の連続立体交差事業の場合をみておく。同事業の全体の事業費は約1613億円であるが、そのうち大阪市は国庫補助金を含めて1413億円を負担し、一方、鉄道事業者は200億円を負担することとなっている（二〇〇七年三月時点）。

踏切対策に係る国の法令・制度の代表的なものは、以上のとおりであるが、最後に東京都の「踏切対策基本方針」について触れておく。

「開かずの踏切」を数多く抱える東京都は、二〇〇四年に「踏切対策基本方針」を制定した。重点的に対策を検討・実施すべき踏切として390箇所を選定し、二〇二五年までに立体交差化や歩道橋・地下道の整備、踏切の構造改良などによって踏切問題の改善を図っていくことを目的とした指針である。踏切対策を進める上で、まちづくりや都市計画を所掌する地方自治体の役割は大きい。

東京都の踏切対策基本方針は、自治体として全国初の試みであり、踏切問題の改善を都市整備の一環として計画化したものとして評価されてよい。

◆踏切対策の二本柱

前述した東京都の「踏切対策基本方針」は、踏切問題を次の三点に整理している。

第一は、道路渋滞の発生である。渋滞が発生することにより、自動車交通が阻害され、バス等公共交通の定時性が確保できない。また、踏切による渋滞で排気ガスが発生するなどの問題が生じる。

第二は、地域の分断による生活の不便やまちづくりの遅れである。踏切（鉄道）により、地域が分断され生活に不便が生じる。地域が分断されることで、まちづくりが進まない。さらに、震災時の避難に際して踏切の存在が障害となるなど、防災面での問題も発生する。

第三は、踏切事故の危険性である。踏切事故は、人命を失うことにつながるだけでなく、鉄道ダイヤへも悪影響も及ぼす。踏切における事故では、列車と人・車両の衝突のみならず、自動車と歩行者・自転車との間の接触事故が起こる場合もある。

これらの踏切問題を解消するための対策は大きく、踏切自体をなくす抜本対策と、踏切の存在を前提に踏切の危険性を低減するための改善対策、の二つがある。

前者は、踏切自体をなくしてしまうという対策で、鉄道又は道路の立体交差化や踏切の統廃合などがこれにあたる。鉄道路線が廃止された場合、踏切もなくなることから、廃線によっても踏切は除去される。踏切の立体交差化、特に後で述べる連続立体交差化は事故防止に効果があるだけでなく、道路渋滞の緩和や踏切による地域分断の解消などにも資する、踏切問題を根本から解決できる抜本施策である。

立体交差化等による踏切の除去は、究極の踏切対策なのだが、それによって全国の全ての踏切をなくしてしまうことは不可能である。そこで、踏切の存在を前提とした、後者の改善対策が必要となってくる。

これには、①狭い踏切への歩道の設置・拡幅、車道の拡幅や踏切近くの交差点の改良などの構造改良、②跨線橋などの歩行者や自転車が立体横断できる施設の整備、③車両通行止めや一方通行の導入など交通量の規制、④踏切支障報知装置など踏切保安装置の設置、⑤警報機の視認性の向上や注意喚起のための歩道と車道のカラー舗装・路面標示、看板設置、⑥踏切警報時間制限装置の導入による踏切遮断時間の短縮化（いわゆる「賢い踏切」）などがある。

これらの施策は、踏切を除去するものではないことから、まちづくりへの寄与や道路渋滞の解消という点では、ほとんど効果がない。いずれも、踏切の危険性を低減し、事故の発生を防止するための施策である。

ところで、国土交通省は、二〇〇五年三月に東武伊勢崎線竹ノ塚駅付近の踏切で4名の死傷事故が起こったことなどから、二〇〇六年になって全国の道路管理者及び鉄道事業者を対象として「踏切交通実態総点検」を実施し、それに基づいて緊急に対策の検討が必要な踏切として１９６０箇所を選定した。その内訳は、「開かずの踏切」が５８９箇所、「開かずの踏切」との重複を除いた自動車と歩行者のボトルネック踏切が８３９箇所、歩道が狭隘な踏切が６４５箇所であった。これらの約7割は、関東地方と近畿地方に集中していた。

そして同省は、これら１９６０箇所の踏切への対処策として、二〇〇六年度から5年間で、①５８９の「開かずの踏切」と８３９の自動車・歩行者のボトルネック踏切、計１４２８箇所の踏切について抜本的な対策を検討・実施する、②「開かずの踏切」５８９と歩道が狭隘な踏切６４５の１２３４箇所の踏切について改善対策（同省は、このことを速効対策と呼んでいる）を検討・実施するとの方針を打ち出した。

この場合の「開かずの踏切」とはピーク時間の遮断時間が40分／時以上の踏切、自動車ボトルネック踏切とは一日あたりの踏切自動車交通遮断量（自動車交通量×踏切遮断時間）が5万台時以上の踏切、また、歩行者ボトルネック踏切とは一日あたりの踏切自動車交通遮断量と踏切歩行者等交通遮断量（歩行者および自転車の交通量×踏切遮断時間）の和が5万台時以上で、かつ一日あたりの踏切歩行者等交通遮断量が2万台人時以上になる踏切のことをいう。

それから6年たった二〇一二年度末の時点での同省の取りまとめによると、抜本対策が必要な踏切のうち約3割が対策の実施済み・実施中・調整中で、これに速攻対策の分も加えると、１９６０箇所の踏切の約8割が対策の実施済み・実施中・調整中であるとされている。換言すれば、緊急対策を打ち出してから6年以上経ても、なお著しく問題のある踏切が依然として残存しているということになる。

◇立体交差化

前述したとおり、踏切の究極の安全対策は、踏切自体をなくしてしまうことである。その代表的な手法は、鉄道と道路の立体交差化である。

立体交差化には、大きく連続立体交差化と単独立体交差化の二つがある。

連続立体交差化とは、道路と鉄道との交差部において、鉄道を高架化または地下化することによって、その区間にある多数の踏切を一挙に除去するやり方である。高架化または地下化されるのは鉄道線路である。一方、単独立体交差とは、踏切を単独で立体交差化し、当該の踏切を除去するやり方である。この方式の場合、高架化ないし地下化されるのは道路である。

鉄道と道路の立体交差化は、すでに戦前から始まっているが、現在は前述した「連立要綱」及びその「細目要綱」が制度を支える根拠となっている。

立体交差化は、踏切事故の防止対策の中で、最も有効な対策である。中でも連続立体交差化は、一度に数多くの踏切を撤去できることから、利点も多い。連続立体交差化はまた、単に鉄道と道路を立体化することに止まらず、線路で分断された市街地の一体化や再開発、道路交通の円滑化にも資するまちづくりとしての性格の強い事業でもある。そのため、都道府県や政令指定都市などの地

表Ｉ—5　大阪府下の進捗中の連続立体交差事業（2014年9月現在）

路線名	都市計画決定から完成までの期間	総延長	踏切廃止数	全体事業費	km当たり事業費
京阪本線（寝屋川市・枚方市）	2013年～	5.5 km	21	約357億円	約64.9億円
近鉄奈良線（東大阪市）	1992～2016年予定	3.3 km	9	約633億円	約191.8億円
大阪外環状線（東大阪市）	2000～2014年	2.2 km	11	約197億円	約89.5億円
南海本線（堺市）	2005～2028年予定	2.7 km	7	約423億円	約156.7億円
南海本線・高師浜線（高石市）	1996～2019年予定	4.1 km	13	約550億円	約42.3億円
南海本線（泉大津市）	1995～2015年予定	2.4 km	8	約453億円	約188.8億円
阪急電鉄京都線・千里線（大阪市）	1994～2020年予定	6.9 km	17	約1613億円	約233.8億円

（出所）大阪府・大阪市・堺市のホームページから作成。

方自治体が事業主体となり、都市計画事業の一環として立案・執行される。また、国との関係では、それは道路特定財源を活用した国庫補助事業の一つである。

一九六九年から二〇一〇年まで、首都圏や関西圏の大都市や静岡市、金沢市、高松市などの地方中核都市の約１４０地区で、連続立体交差事業が取り組まれ、約１５００箇所の踏切が撤去されている。また、立体交差化された距離は、約４５０キロに達している。

しかし、連続立体交差事業には、大きな難点がある。

第一は、整備に要する費用が巨額にのぼるという点である。国土交通省によれば二〇〇七年～〇九年度に竣工された連続立体交差事業の一件当たりの平均事業費は約５００億円、単独立体交差事業のそれは約40億円とされている。

個別事業ごとに具体的にみてみよう。表Ⅰ―5は、大阪府下において現在進行中の7つの連続立体交差事業の一覧である。一キロ当たりの事業費は、少ないものでも40億円、高いものでは２００億円を超えている。

東京都下の事例もみておこう。二〇〇九年に都市計画決定された、京浜急行の蒲田駅を中心とする京浜急行本線（平和島駅～六郷土手駅）及び同空港線の大鳥居駅までの連続立体交差化事業の場合である。同事業の事業区間は約6キロ、撤去される踏切は28と大規模なもので、総事業費は約１８９２億円である。一キロ当たりで計算すると約３１５億円となる。鉄道のインフラ整備で多額の費用がかかるのは地下鉄建設である。公営地下鉄の一キロ当たりの建設費は、『地方公営企業年鑑』によれば二〇〇六～一〇年度平均で１９４・８億円である。つまり、連続立体交差事業は地下鉄建設並みか、もしくはそれ以上の費用がかかるということになる。

連続立体交差事業費は、国庫補助事業であるとはいえ、地方自治体や鉄道事業者に大きな負担となる。バブル経済が崩壊し低成長経済へ移行したことにより、一九九〇年代半ば頃から地方自治体の財政危機が深刻化してきた。近年、連続立体交差事業の新規着手件数が伸び悩んでいるのは、そのためである。二〇〇〇年には連続立体交差事業の促進を図るために、国による無利子貸付制度の創設など、制度改正も行われている。

第二は、都市計画決定から実際に工事が始まり完成に至るまで、用地の取得や多くの利害関係者間の調整が必要となるため、長期の期間を要するという点である。実際、表I―5の通り、平均すると20年以上かかっている。わずか数キロ程度の距離を立体交差化するにも、これだけの時間がかかるのが連続立体交差事業である。

◆跨線橋

踏切の立体交差化は、踏切事故を減少させる上で、極めて有効である。しかし、既述のとおり、費用がかかり、かつ完成までに相当な時間を必要とする。また、全国に3万箇所以上も存在する踏切を、すべて立体交差化で解消することも現実的には不可能である。そこで、次善の策として有効なのが、自動車は通行できないという難点はあるが、跨線橋（歩道橋）の設置である。

跨線橋とは、読んで字の如く、鉄道線路を跨ぐ橋のことである。跨線橋は、以前から存在していたが、旧来タイプのものは階段しか付いておらず、高齢者や障がい者にとっては使い勝手が悪く、自転車や車イスの通行者はそれを利用することはできなかった。二〇一三年八月に、横浜市鶴見区の生見尾踏切（全長41・5メートル）で杖をついた男性（八八歳）の死亡事故が発生した。踏切に隣接して跨線橋はあったが、バリアフリーとはなっておらず、階段がきついために死亡した男性もこれを使用せずに踏切を通行して亡くなった事故である。

バリアフリー化された、すなわちエレベータ等が整備された跨線橋は、高齢者や障がい者も使用することができ、自転車利用者も使用が可能だ。こうした、新しいタイプの跨線橋の建設・改良は、

JR 高槻駅前近くの弁天跨線橋。かつてはここに弁天通踏切があった。(2015 年 1 月)

歩行者、なかでも高齢者の踏切事故の防止という点で効果がある。以下、大阪府下の東海道線・JR高槻駅東側に二〇一一年三月に整備された、弁天跨線橋の例を紹介する。

弁天跨線橋が整備された場所には、かつて弁天通踏切があった。延長約40メートルの長大踏切で、自動車は通行できなかったが、歩行者や自転車など一日当たりの通行量は約2800人・台(二〇〇六年一〇月調査)もあった。その上、一時間当たり約46分も遮断機が下りている、いわゆる「開かずの踏切」だった。過去には、二〇〇一年三月に踏切を渡りきれずに女性の高齢者(八八歳)が特急にはねられて死亡した事故や、通行者が踏切内で立ち往生したトラブルが二〇〇六年と〇七年に連続して三件発生していた。そのうちの、一件は三〇代の車イスの男性で、また残りの二件は三〇代と六〇代の女性だった。

弁天跨線橋は、高槻市によって当時推進されていた高槻駅北東地域の再開発事業の一環として、跨線橋と歩道橋を組み合わせた、跨線橋・歩道橋として整備計画が策定された。建設は二〇〇九年四月に始まり、一一年三月に完成した。線路を跨いだ両サイドに26人乗りのエレベータ（車イスの利用も可能）が設置され、階段は自転車利用のためにサイクルコンベアが付いた斜路付階段となっている。歩道橋部分は橋長68メートル、有効幅員4メートルである。また跨線橋部分は、橋長78メートル、有効幅員4メートルである。

建設に要した費用は約11億5千万円で、高槻市が11億2千万円、ＪＲ西日本が3千万円を負担した。一メートル当たり786万円かかったことになる。市負担額のうち、その約4割は「まちづくり交付金」（現、都市再生整備計画事業）により充当されている。

高槻市の人口は約35・6万人、総人口に占める六五歳以上の高齢者の割合は26％である（一四年三月現在）。一般会計規模が約一千億円の同市にとって、本跨線橋の整備費は決して小さくない金額であるが、高槻市の調査では、跨線橋供用後の一日当たりの利用者は4300人・台／日（一一年度）とされており、費用に十分に見合う便益を生んでいると評価できる。

◇更なる踏切の安全対策の推進

立体交差化による踏切の撤去や踏切の構造改良などによって、一九五〇～七〇年代と比べると、踏切の安全性は大きく改善されてきた。踏切の保安装置の改良も進み、いわゆる「賢い踏切」も登場してきた。

しかし、踏切問題の解決にはなお多くの課題が残っている。最も効果の高い立体交差化による踏切の撤去は引き続き推進されていく必要があるが、財政難の中、次善の策としてより費用のかからないバリアフリー化された跨線橋・歩道橋の整備も有効である。特に長大踏切の場合、高齢者などが渡りきれず事故に遭ってしまうことがある。跨線橋の整備は、こうした事故を防ぐ上でも効果的である。

構造改良された踏切であっても、高齢者にとって歩きやすい敷板になっているのか。非常ボタンは押しやすく、分かりやすい場所に設置されているのか。車イスでも通行しやすい踏切になっているのか。遮断時間は適正なのかなど、高齢者をはじめとした利用者の視点に立った更なる改良・改善が必要である。

大都市圏の第1種踏切は、前述した国土交通省の緊急対策もあって、確かに改善が進んでいる。しかし、第3種踏切や第4種踏切は、なお多くの問題を抱えている。特に第4種踏切の中には、踏切路面の舗装が不十分なものや、路面の劣化により歩行者などの通行に支障が生じているもの、警標が倒壊・破損しているものもある。また、線路が大きくカーブしていたり、山肌が迫っていたりしているために、見通しが悪い踏切も存在する。そうした踏切は、例えばカーブミラーを設置することで安全度が向上する。

さらに、ローカル圏には、付近の住民の生活道として利用されている、いわゆる勝手踏切も存在する。勝手踏切は、鉄道事業者が公式にその存在を認めたものではないので、警標等は設置されていない。しかし、事故リスクを低減させるために、危険を告知する立看板を設置するなど何らかの手立てを講じる必要がある。

第3種ならびに第4種踏切は、表I―3のとおり、事故のリスクも高い。事故の再発防止を目的に、年間20件前後の重大な鉄道事故ならびにインシデントの原因調査を行っている国の運輸安全委員会は、二〇一四年四月から新たに、遮断機の設置されていない第3種及び第4種踏切において発生した踏切障害事故で、死亡者の生じたものをその調査対象に加えた。それまで、同委員会は、①乗客・乗務員等に死亡者を生じたもの、②死傷者が5名以上の死傷者を生じたもの（ただし、二〇一四年四月からは死亡者を生じたものに限定）、③鉄道係員の取扱い誤り又は車両の故障などに原因があると認められるもので死亡者を生じたもの、④特に異例と認められるもの、の四つのいずれかに当てはまる踏切障害事故しか調査の対象としていなかった。第3種及び第4種の踏切障害事故が新たに調査対象に加えられた背景の一つは、踏切事故調査の充実を求める遺族らの訴えにあった。

運輸安全委員会の事故調査は、事故の再発を防止し、運輸の安全の向上に資するという点で有益である。第3種並びに第4種踏切の安全性を向上させる上で、どのような事故防止策が適切であるのか、運輸安全委員会の今後の事故調査の進展に期待したい。

ところで、踏切事故の半分は直前横断によって発生している。このことは、踏切の安全確保は鉄道事業のみでは実現できないことを示している。

自動車の運転は、道路交通法に則って行われる。同法の第三十三条は、自動車の踏切通過に関して、特に以下のように定めている。

第三十三条　車両等は、踏切を通過しようとするときは、踏切の直前（道路標識等による停止線が設けられているときは、その停止線の直前。以下この項において同じ。）で停止し、かつ、安全であることを確認した後でなければ進行してはならない。ただし、信号機の表示する信号に従うときは、踏切の直前で停止しないで進行することができる。

2　車両等は、踏切を通過しようとする場合において、踏切の遮断機が閉じようとし、若しくは閉じている間又は踏切の警報機が警報している間は、当該踏切に入つてはならない。

3　車両等の運転者は、故障その他の理由により踏切において当該車両等を運転することができなくなつたときは、直ちに非常信号を行なう等踏切に故障その他の理由により停止している車両等があることを鉄道若しくは軌道の係員又は警察官に知らせるための措置を講ずるとともに、当該車両等を踏切以外の場所に移動するため必要な措置を講じなければならない。

自動車免許を取得する際、自動車教習所において、踏切前の一旦停止は繰り返して教え込まれる。仮免許試験の際、踏切前で一旦停止を怠ると大きな減点となる。しかし、第三十三条の2項ならびに3項については、学科講習の際に言及される程度である。とりわけ2項の重要性を徹底するために、自動車教習所などにおける講習内容の見直しが必要である。

踏切事故を更に減少させていくには、人や自動車など踏切を通行する側が、「警報機が鳴りはじめたら無理な横断はしない」などのルールを遵守することが必要不可欠である。学校や地域では、交通安全教育は行われている。しかし、踏切の安全教育はほとんど行われていない。学校や職場、地域社会において、また、自動車運転免許証の更新機会などをとらえて、踏切事故の防止に関する啓発活動の推進が望まれる。

◆「不慮の事故」を減少させて安全な社会へ

わが国では1年間に、約120万人の人が亡くなっている。厚生労働省は毎年、「人口動態統計」を公表しているが、それによれば、死因の第一位は悪性新生物、つまりガンである。注目されるのは、毎回、死因の第6位前後に「不慮の事故」がランクインしていることである。それによる1年間の死者の数は、約4万人である（ただし、これは過小評価された数字で実際にはもっと多いとの指摘もある）。つまり、1年間に亡くなる人の100人に3人が「不慮の事故」によるもの、という計算になる。

「不慮の事故」という用語は、WHO（世界保健機関）の国際疾病分類第一〇次修正（ICD—10）に準拠したもので、「交通事故」「不慮の窒息」「転倒・転落」「不慮の溺死及び溺水」などがこれに含まれる。この場合の「交通事故」とは、単に自動車事故だけでなく、鉄道、航空、船舶など運輸事故全体のことを指す。踏切事故もこれに含まれる。WHO分類の原語ではtransport accidentとなっているが、厚生労働省は、これに「交通事故」という訳語を当てている。わが国では、交通事故は自動車事故とほぼ同義に用いられることが多いので、本来ならばこれは運輸事故と訳す方が適切であろう。

「不慮の事故」による死者の数を歴史的にみると、明治から昭和の初期にかけてそれは年間2万人台で推移していた。もっとも、当時の人口は4千～5千万人台で、現在の人口の半分以下だったので、対人口比でみると2万人という数は現在でいえば4万人に相当する。つまり、対人口に占める「不慮の事故」による死者数の割合は、当時も今もほとんど変わっていないといえる。その後、太平洋戦争前に3万人を超えた死者の数は、高度成長期に増加を続け、一九七〇年代初めに4万3千人台とピークを迎えた。その後は、いったん3万人台に減少したが、阪神・淡路大震災の起こった一九九五年と東日本大震災が起こった二〇一一年を除いて、一九九〇年代末から4万人前後の横ばい状態で推移している。

厚生労働省は、二〇〇九年に前年の〇八年に発生した「不慮の事故」を詳細に分析した「不慮の事故死亡統計」を公表している。この種の統計の公表は、一九八四年度の「不慮の事故及び有害作用死亡統計」に続いて二回目である。「不慮の事故」の詳細を知る上で、実に有益な統計である。それによれば、「不慮の事故」のトップは、食べ物を喉につまらせるなどの「窒息」で9419件、以下、7499件の「交通事故」、7170件の「転倒・転落」、6464件の入浴中などの「溺死」と続いている。「不慮の事故」による死者の7割強は、これら四つの事故によるものである。

かつて「不慮の事故」のトップは、「交通事故」という時期が長く続いた。ピーク時にはそれによる死者数は年間1万5千人を超え、「不慮の事故」による死者の半分が「交通事故」によるものであった。現在は、当時と比べて「交通事故」による死者は7千人台へと半減している。自動車事故による死者が大きく減少したためである。

とはいえ、「交通事故」による死者は、「不慮の事故」の中で依然として大きな割合を占めている。「不慮の事故」による死者や負傷者を減少させていくことは、安全・安心な社会を実現していく上で、極めて重要な課題である。踏切事故を減少させ、それによる死傷者の数を減らしていくことは、「不慮の事故」の犠牲者の低減につながるのである。

内閣府は、第九次交通安全基本計画（二〇一一〜一五年度）において、「平成二七年度までに踏切事故件数を二二年と比較して約一割削減することを目指す」と設定している。平成二二年、西暦でいえば二〇一〇年の踏切事故は314件だったので、一割削減ということは280件程度ということになる。ちなみに、第九次計画が始まってからの踏切事故件数を追ってみると、一一年度が331件、一二年度が295件、そして一三年度が290件である（一四年度は本稿執筆時点で未公表）。このままのペースでいけば、目標は達成できそうである。鉄道事業者など関係者による踏切事故の防止対策のさらなる強化・推進が求められる。

II

踏切はどのように発展してきたか

吉田　裕（関西大学大学院）

1　踏切の歴史

◆踏切の誕生

日本の鉄道の歴史は一八七二（明治5）年に始まる。鉄道の発展とは、全国至るところに線路が敷かれていくことを意味する。そうすると、あちこちで道路と交差する箇所が生まれていくことになる。こうして、沿線の人口密度が高く鉄道と道路が平面交差する場所に、踏切が設置されるようになった。

交通の頻繁な箇所には、現在の踏切遮断機に相当する踏切門扉が設けられたり、踏切係員が配置されたりした踏切もあったが、初期の踏切は、現在のように舗装されたものではなく、レールとの高低差をなくすために、板や石などが敷かれた簡便なものだった。一方、『鉄道信号発達史』（信号保安協会）によれば人口密度の低いエリアでは、踏切は設けられなかった。通行者側に鉄道と道路が交差しているという意識も薄く、列車の運行回数が少ないこともあって、自由に線路の横断が行われていたのだった。

鉄道創業当初、日本の鉄道には、開業からすでに半世紀近くが経過していた欧米諸国の技術や規

図Ⅱ－１　鉄道創業当時の踏切遮断の仕組み

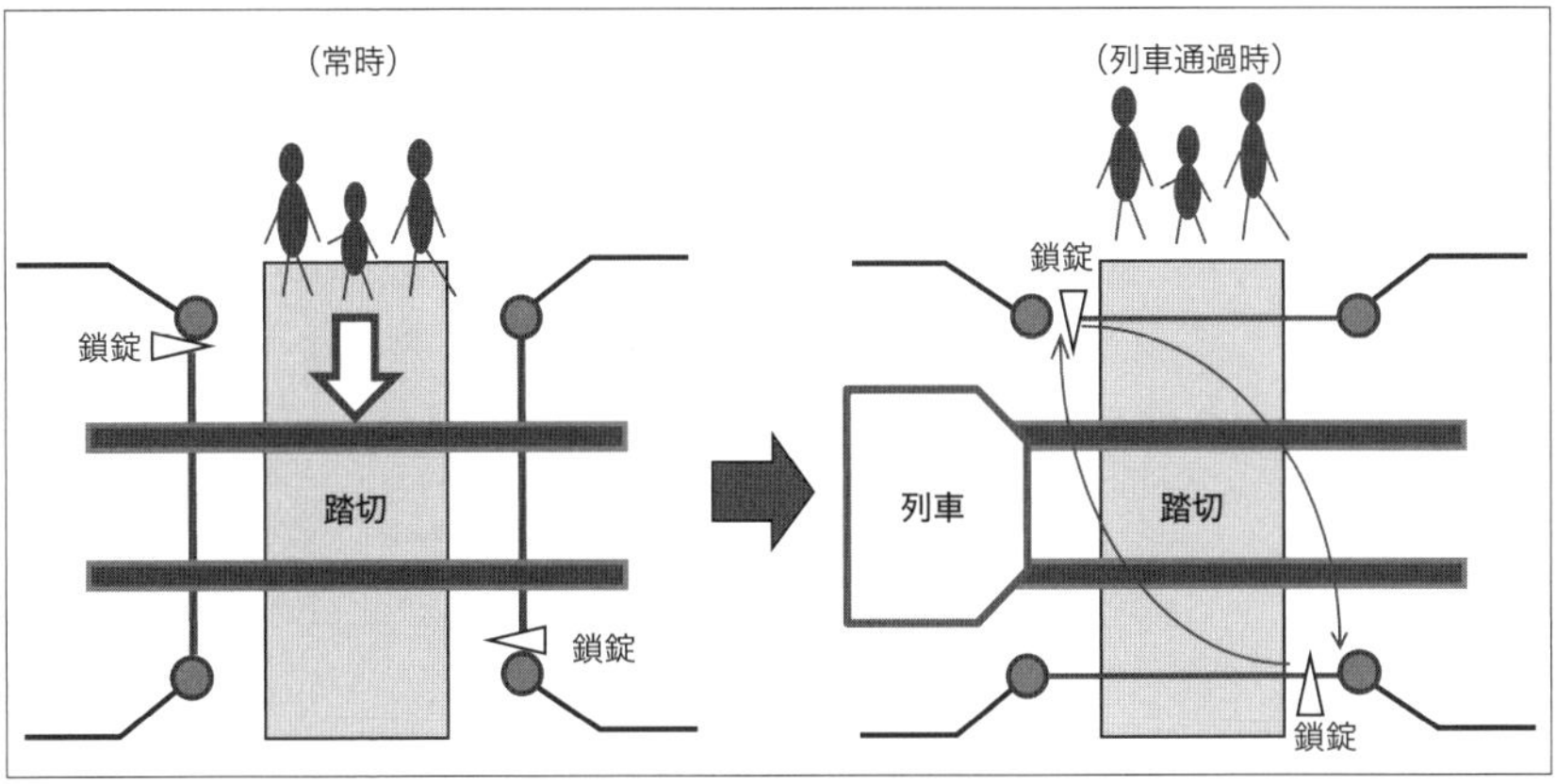

（出所）日本国有鉄道（1970 年）『日本国有鉄道百年史』第２巻

程が数多く導入された。特に初期の規程類は、直訳した外国のものがそのまま採用され、踏切に該当する言葉としてレベル・クロッシング（level crossing）という用語が使用されていた。しかし、明治維新直後の日本人は、この横文字になじめず、当初は横路や横切馬車道などの言葉が使われていた。その後、一八七〇年代の末になって、ようやく現在の「踏切」という言葉が用いられるようになった。

◆明治時代の踏切

国鉄の『日本国有鉄道百年史』によると、鉄道創業当初の踏切は現在のものとは大きく異なり、図Ⅱ－１のとおり列車の通過する線路側が常時遮断されていた。そして、列車が通過するときのみ線路側の遮断が解除され、反対に道路側が遮断された。踏切係員は、通行者らが線路内に立入らないようにするため、遮断するごとに鎖錠を行っていた。また、線路側が遮断されたときには、進来する列車に対し旗あるいは燈により、踏切内に危険があることを示す合図を送っていた。明治の中期、17

図Ⅱ－２　東海道線の『旗振り』（1897 年頃）

（出所）ジョルジュ・ビゴー（〝Albums humouristiques de la vie japonaise : la journée d'une servante〟1899 年）

年間にわたって日本に滞在したフランス人の風刺画家ジョルジュ・ビゴーは、日本の世相を巧みに描写した多くの絵を残している。その中の一つに、当時の踏切の様子をスケッチした傑作がある（図Ⅱ－２）。当時の交通量が多くない踏切に配置されていたのは、正規の鉄道従業員ではなく絵のような、パート労働の「旗振り」であった。

一八九〇年代に入り、日本の鉄道は飛躍的な発展の時代を迎えた。一方、鉄道とは対称的に道路の発達は遅れたため、鉄道側ではなく道路側が常時遮断されるようになった。つまり、通行者が踏切を横断するときのみ道路側の遮断が解除され、反対に線路側が遮断されたのである。『鉄道技術発達史』によると、稠密な道路網が張り巡らされ、自動車交通が極限まで発展した現在からみると信じがたいことだが、通行者が線路内に立ち入らないようにするため、図Ⅱ－３のように、まずは通行者と反対側の遮断機を解除し、次に手前側の遮断機を解除するといったことが行われていたのである。

その後、列車本数の増大に伴い、明治末期から大正時代に

図Ⅱ－3　踏切の取扱（1887年頃）

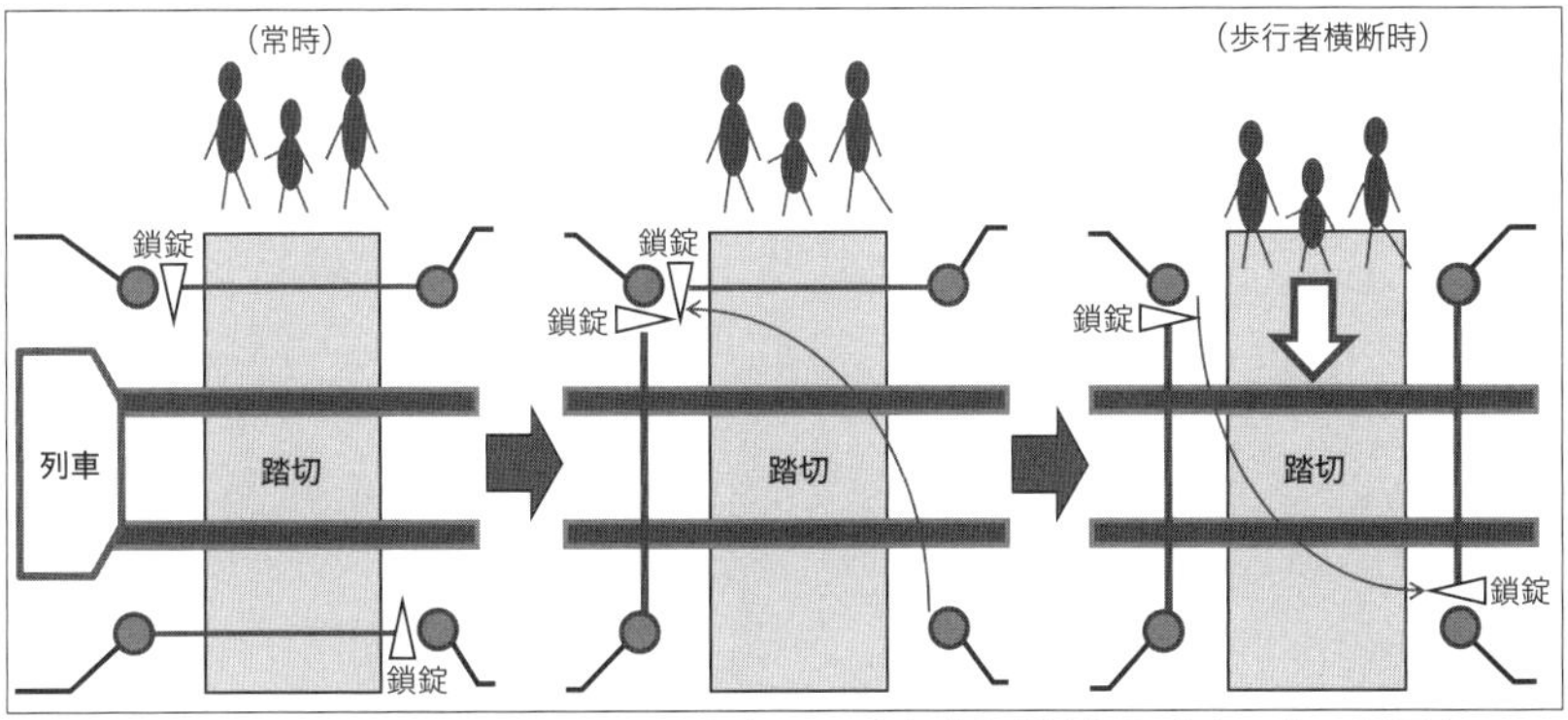

（出所）日本国有鉄道（1958年）『鉄道技術発達史』第5編運転

かけて線路側の遮断は、次第に廃止されていき、列車接近前に道路を遮断し、通過後に解除する現在の遮断方式に変わっていった。

当時の係員が配置された踏切では、係員により接近する列車の確認が行われ、遮断機が操作されていた。つまり、人の注意力に依存した安全対策が採られていた。このような人の注意力のみに頼る方式だと、ヒューマンエラーにより事故が発生してしまうことがある。しかし、当時は列車本数も少なく、また列車速度も遅かったことなどから、幸いにも特段大きな踏切事故は発生していなかった。

◆踏切係員

鉄道創業当初、踏切係員は踏切番人と呼ばれていた。踏切係員が配置された踏切には、詰所と住居を兼ねた「番舎」と呼ばれる建物が設置され、係員とその家族により遮断機の操作や列車への合図が行われていた。

一八九二年一二月刊行の『鉄道線路各種建造物明細録』（第一・第二編）によると、国鉄の前身である官設鉄道において、番舎が設けられた踏切は踏切全体の6％程度であった。その後、番舎が設置された踏切は、二人以上の係員による勤務体制となり、家族による踏切番は行われなくなった。

踏切係員は、列車の運転間隔が短い場合に、列車の追突事故を防止するために先行列車の通過後、所定の時間が経過するまで後続列車を停止させた。このように、当時の踏切係員は、後の信号係員の職務の一部も担っていた。

踏切係員という呼び方も変遷している。すなわち、一九二一年には踏切看守、一九三六年には踏切警手、そして一九六一年には踏切保安掛へと変わっている。

◆踏切の種別の変遷

鉄道創業当初における踏切の種別は、現在のように明確に分けられていたわけではなく、係員のいる踏切といない踏切に区別された程度であった。その後、一九三〇年、一九四〇年、一九六一年の三回にわたって踏切の区分整理がなされ、現在に至っている。

まず一九三〇年に、それまでの2区分から、常に係員を配置している第1種踏切、列車本数や道路交通量の多い時間帯のみ係員を配置する第2種踏切、遮断機もなく係員も配置しない踏切の3種に区分整理された。

なお、大正末期には、第2種踏切において、係員が不在のときの補助設備として踏切警報機が導入された。その後、内務省の災害予防調査会では、一九三〇年から約1年間かけて、全国25箇所の第2種踏切の遮断機を撤去し、踏切警報機に対する公衆の注意力の調査が行われた。今でいう実証実験である。その結果、約9割の自動車が警報機動作中に一時停止もしくは徐行して通行していることが確認されたため、一九三二年より踏切係員を配置する代わりに踏切警報機を設置してよいこととなった。この施策は、第一次世界大戦後の不況対策として推進された経費節減施策の一環として実施されたものであった。

次に一九四〇年の見直しである。それまでの3区分を見直し、第1種、第2種に加え、踏切警報機のみが設置されたものを第3種、それ以外を第4種とする4つの踏切種別が採り入れられた。

最後に、一九六一年の改訂である。この年、以下の通り第1種～第4種の現行区分が導入された。

第1種：自動踏切遮断機を設置するかまたは踏切係員を配置して、遮断機を閉じて道路を遮断するもの。

第2種：踏切係員を配置して、踏切を通過する一定時間内における列車等に対し、遮断機を閉じ道路を遮断し、それ以外の時間においては第4種となるもの。

第3種：踏切警報機を設置して列車等の接近を知らせるもの。

第4種：第1種から第3種以外の踏切。

なお、自動遮断機は、導入された当初は第1種踏切に取り付けられたのではなく、第3種踏切のうち交通量が比較的少なく、保安上支障がないと認められる踏切に設置された。そのため、踏切警報機と自動遮断機が付いた踏切は当初、第3種踏切（自動遮断機付）と呼ばれていたが、一九六一年以降は現行と同様、第1種踏切に区分されるようになった。現在では、自動遮断機が設置された第1種踏切が全体の約9割を占めている。

2　標識の歴史

◆標識の統一

鉄道創業当初より、踏切の通行者に対し注意喚起を行うために、木板に「きしゃにちういすべし」と書かれた踏切警標が使用された。この木板は、地域によって形状が異なっていた。警標が統一化されたのは一九二五（大正14）年になってからであり、図Ⅱ－4のとおり常時係員が配置された踏切には甲号、一定時間のみ係員が配置される箇所には乙号が設置された。

自動車の普及にともなう踏切事故の増加は、各国に共通する深刻な問題である。早くも、一九二八年に開催された国際技術会議において警標について討議され、今日警報機などで使用されているX形の警標が生まれている。

この時期、我が国でも自動車の普及とともに、係員を配置しない踏切あるいは不在となる時間帯

図Ⅱ－４　踏切警標（1925 年）

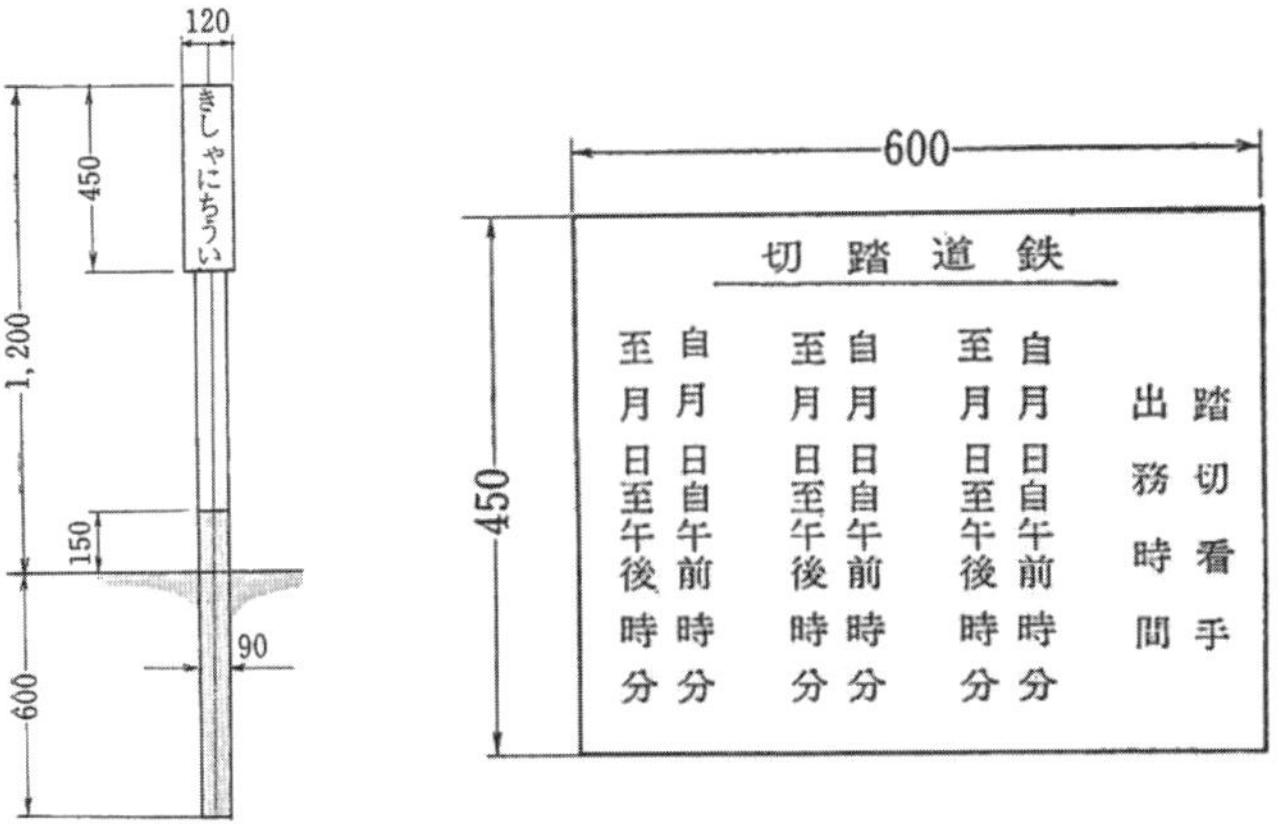

【甲号】　【乙号】

（出所）日本国有鉄道（1972 年）『日本国有鉄道百年史』第９巻

において、踏切事故が多発する状況となった。そこで一九三九年には、係員が常に配置された踏切には甲号の1、配置されない踏切のうち必要と認められる箇所には甲号の2、一定時間のみ配置される箇所には乙号が設置されるようになった。なお、甲号の1には自動車の前照灯により反射するフラッシュボタン付きの警標が採用された。これは、ドライバーや一般の歩行者からも歓迎され、賞賛されたという。

また、係員が配置されていない踏切のうち、交通量が比較的多く見通しの悪い箇所には、赤字で「気笛」と書かれた木板が、踏切より四〇〇メートル以内に設置された。

◇戦後の標識

太平洋戦争の敗戦後、日本は一九五二年までGHQに占領統治された。当時、無人踏切を中心に進駐軍関係の事故が多発したため、GHQの指示により踏切係員の増

写真Ⅱ－1　オーバーハング（OH）形踏切

筆者撮影（2015 年 1 月）

図Ⅱ－5　踏切警標（戦後の占領下）

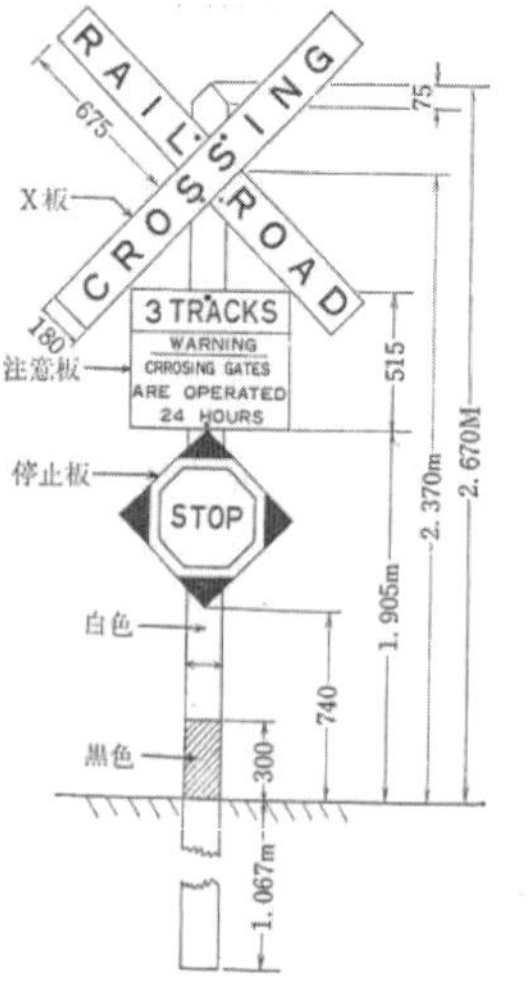

（出所）日本国有鉄道（1973 年）『日本国有鉄道百年史』第 11 巻

員や図Ⅱ―5のような英文字で書かれた踏切警標の設置が全国一斉に行われた。

GHQの指示により設置された英文字の警標は、その後、占領統治の終了とともに、順次撤去されていった。それに代えて国鉄は、踏切係員が配置された踏切のうち必要と認められる箇所には甲号警標を、それ以外の踏切で必要と認められる箇所には乙号警標を整備していった。

なお、交通量が特に多い踏切では、警標の黄色部分に反射塗料が使用された。これは、戦前に使用されていたフラッシュボタンよりも汎用性が高く、これにより夜間帯におけるドライバーの視認性が格段に向上した。近年は、遠くからでも踏切の存在が確認できるように、警報灯とともに警標も高い位置に設置されたオーバーハング型踏切が導入されるようになった（写真Ⅱ―1）。

図Ⅱ—6　遮断機（1948 年）

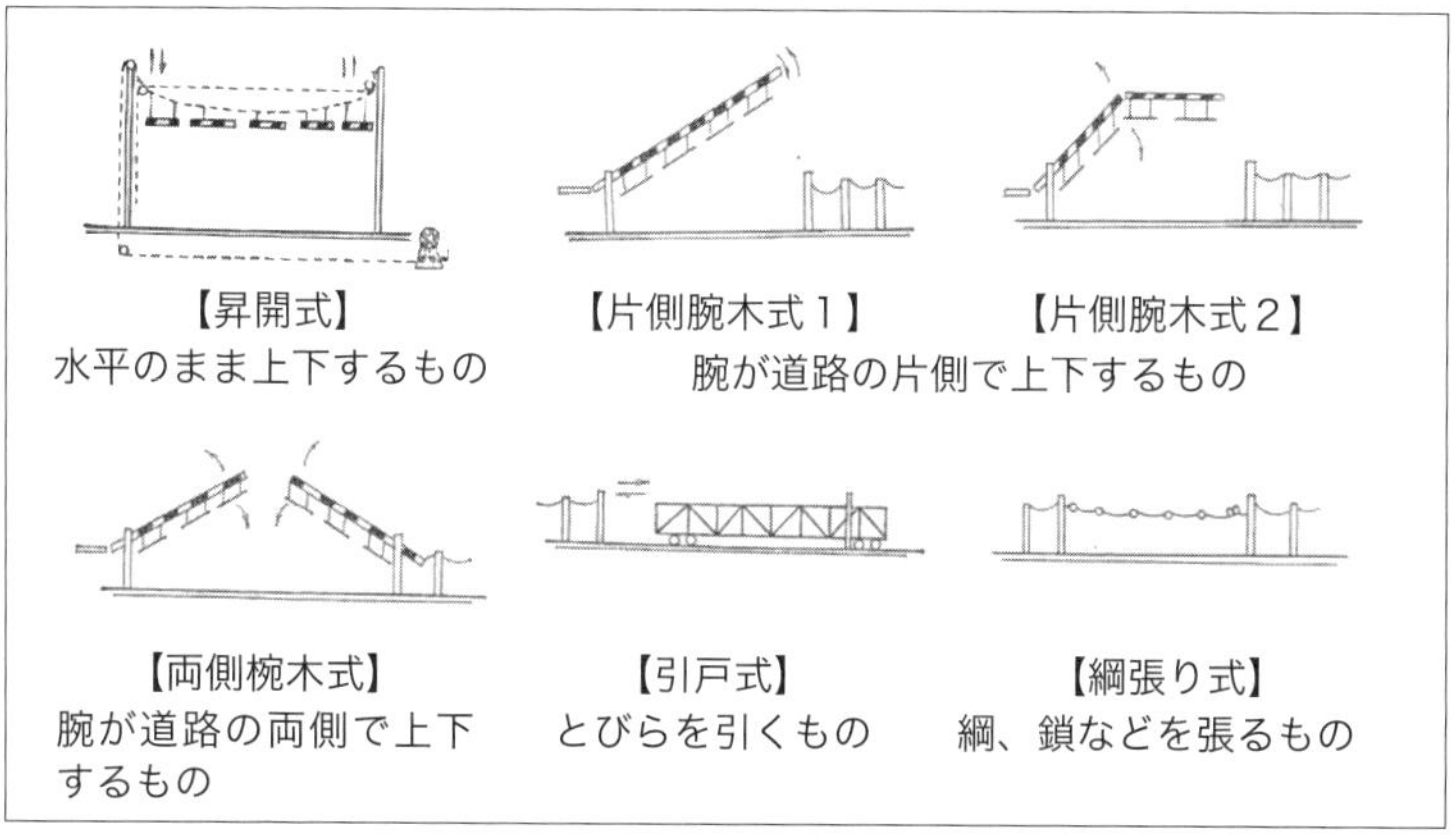

（出所）日本国有鉄道（1973 年）『日本国有鉄道百年史』第 11 巻

3　踏切遮断機の発展

◇遮断機の統一

踏切の安全を確保する上で、踏切遮断機は極めて有効である。明治の初期には交通が頻繁な踏切には手動による遮断機が設けられ、それを扱う係員が配置されていた。遮断機は当初、柵門や門扉とも呼ばれていた。

その後、一九二五（大正14）年になって遮断機は、①鎖または綱類を引く引掛式、②桿類を上下する上下式、③桿や戸類を引き出す引出式の3種類に整理された。さらに、一九四八年には、①昇開式、②片側腕木式、③両側腕木式、④引戸式、⑤綱張り式の5種類に分類された（図Ⅱ—6）。現在の自動遮断機は、幅員が大きい踏切や一部の係員が配置されている踏切を除き、腕木式がほとんどである。腕木式には、遮断桿一本で遮断する直桿式と上昇時には中間部で折れ曲がる屈折式とがある。

◆遮断機の動力化

遮断機はその登場以来、手動で操作されていた。ところが、昭和に入った頃から、多くの係員を要する幅員の大きな踏切を中心に動力化されていった。踏切係員の削減を図るためであった。当時、動力化された遮断機は、動力門扉や動力踏切遮断機などと呼ばれていた。

動力門扉とは、図Ⅱ－6の引戸式が踏切係員の操作により、電気や圧縮空気で左右に動くものである。動力門扉は、昭和初期より設置がはじまったが、保守が困難であったため、その後次第に使用されなくなっていった。

動力踏切遮断機とは、遮断桿が上下に動くもので、電空式や電動式、油圧式などがあった。その中でも、短時間の停電でも動作に支障を与えない電空式が最も多く使用された。なお、現在のような踏切係員が不要となる自動遮断機が開発されたのは、戦後になってからである。

◆遮断機の自動化

戦前に開発された動力門扉は、踏切係員が必要な上、当初から故障が多く保守費が増大した。特に、経営上の合理化が求められた終戦後においては、係員を必要としない遮断機の自動化に力が注がれた。

国鉄では、一九五四年に腕木式自動遮断機を試験的に設置し、一定の効果を上げたことが確認されたことから、一九五八年にこれを本格採用した。採用に際しては、通行者に自動遮断機の降下を警告する必要があったため、閃光式踏切警報機を併設することが決められた。

国鉄の手動踏切においては、遮断機の降下失念、未降下、反対列車の失念、早期開扉といった職員によるヒューマンエラー事故が、毎年一〇〇箇所あたり一件程度の割合で発生していた。それを防止するために、踏切用列車接近表示器や踏切鎖錠器などが開発され、一九六五年には昇開式遮断機が自動制御式に改良された。

一方、民鉄では、一九四九年に当時自動門扉とも呼ばれた自動遮断機の設置が行われた。その後、本格的に設置されはじめたのは一九五五年頃からである。この頃、複線区間の踏切において上下線の列車が同時に接近した場合、一方向の列車が踏切を通過した直後に車が進入し、反対側から接近した列車に衝突する事故が多発した。そうした踏切事故の防止に役立つと期待されて登場したのが自動遮断機であった。

◆遮断機の保安度向上

一九五〇年代の後半から六〇年代にかけて、遮断機が設置されているにもかかわらず、幼児によるくぐり事故や、車の直前横断による遮断桿の折損事故が数多く発生した。これらの事故を防止するため、次のような対策がとられた。

①くぐり事故の防止

当時の遮断機は、通行者が踏切内に閉じ込められるのを防止するため、全幅員を完全に遮断せず、30センチ～1メートル程度開けておく方法が取られていた。そのため、幼児によるくぐり事故が多発していた。これを減少させるために、国鉄、民鉄を問わず各社とも全幅員を遮断するようになった。それでもなお、くぐり事故は減少しなかったため、関西の鉄道各社では遮断桿にたれひもを、また、関東の各社では「くぐるな」と書かれた警告標が付けられた。

②遮断桿折損の防止

遮断桿の折損は、遮断機の増加とともに一九六〇年代の半ばに頻発し、鉄道会社にとって保守上の大きな負担となっていた。その後、踏切の車両通行止や一方通行制の導入、種々の交通規制の実施、幅員の改良、警報時間の適正化などにより、遮断桿の折損はピーク時に比べ半減した。ただし、現在でも交通量の多い踏切を中心に遮断桿の折損が発生しており、輸送障害の一因となっている。

遮断桿の材質は、使いやすさや経済面を考慮してかつては竹製が一般的であったが、近年では折損しにくいＦＲＰの合成樹脂製やグラスファイバーなどが使用されるようになっている。また、折損防止器や折損検知装置の開発も進められている。

③視認性向上

踏切の視認性はドライバーや歩行者にとって重要であり、遮断桿には二個以上の赤色灯または赤色の反射材や垂れベルトと呼ばれるものが取り付けられている。近年では、大口径の遮断桿を用いた大型遮断装置や遮断桿を上下二段に組み合わせた二段型遮断装置も導入されるようになっている。また、運転士の視認性を高めるために一九五六年以降、民鉄を中心に運転台から自動遮断機の動作を確認できる踏切動作反応灯の設置が始まった。その形状は、導入当初より各社各様の形式が存在し、今日に至っている。

4　踏切警報機の発展

◆警報機の誕生

①揺動型踏切警報機

踏切警報機は、列車と自動車の衝突事故が頻繁に起こり始めた一九二〇年代初めに、国鉄においてその導入へ向けた研究が始まった。当初、海外で実績のあった揺動型踏切警報機及び閃光式踏切警報機の導入が検討された。一九二三（大正12）年に東京駅構内において、この2種類の警報機が試験的に設置されたが、同年に発生した関東大震災により焼失し、結果が得られないままとなった。

　揺動型踏切警報機とは、アメリカの一部地域で標準化されていた警報機である。列車接近時に「STOP」と書かれた赤色燈付きの円板が左右に振れ出すタイプのものである。円板は普段、「LOOK LISTEN」と書かれた板の背面に隠れた状態となっているが、不具合が生じた場合には燈火していない円板が垂れ下がった状態となる（図Ⅱ―7）。

　大震災後、揺動型踏切警報機が再び試験的に設置されたが、構造が複雑なため故障が多かった。また、警報音の低さや停止信号との誤認、見通しの確保が困難など不都合な点が多かったことから、本格採用に至らなかった。

図Ⅱ―7　揺動型踏切警報機

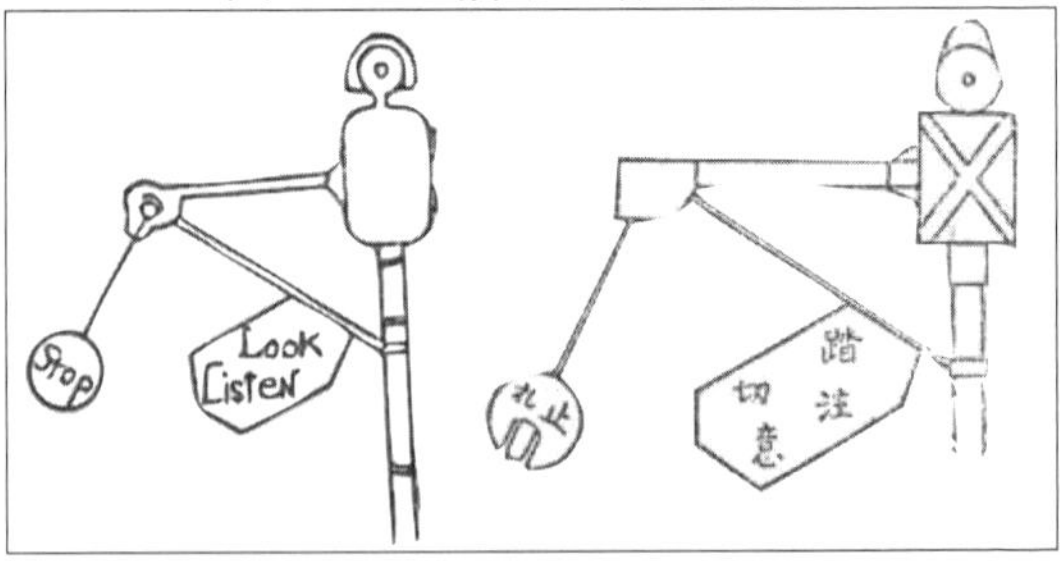

（出所）石井直（1934 年）『鉄道信号と保安装置』オーム社、川口裕康（1942 年）『鉄道工学講座』分冊 6、鉄道工学社

②閃光式踏切警報機
　閃光式踏切警報機とは、現在でも全国的に使用されている一般的な警報機である。国鉄では、関東大震災後に行われた警報機の閃光や警報音の実験結果を基に、一九二五年より閃光式踏切警報機の本格導入に着手した。

　前掲『鉄道信号発達史』によると、民鉄においても一九二〇年頃から、自動車との接触事故や人身事故が相次ぎ、踏切係員の増員や勤務時間の延長などが必要となった。ところが、それらの対策には多額の経費がかかるため、警鈴による保安設備が検討されるようになった。その後、民鉄では木柱に電磁ベルを取り付けた設備や警鈴と点滅する白色燈を組み合わせた設備などが導入されはじめ、大正末期には同形式のものが各社に普及していった。

③その他の警報機

前述の閃光式踏切警報機のほかに、昭和初期には録音装置がついた発声式踏切警報機が試作された。この警報機は、金属製のドラムやテープにより列車接近の音声を発生させており、列車接近の音声が相当明瞭に聞き取れたといわれている。ところが、時代を先取りしすぎたあまりにも斬新な装置であったため、実用化に至らなかった。

その他、「止レ」や列車運転方向の矢印を赤色で点滅させる踏切警報機が、一部の民鉄に導入された。これは、戦後に本格導入された列車進行方向指示器の起源となった。

◆警報機の統一

昭和初期の踏切警報機は種類も多く、現在のものとは大きく異なる警報機が使用されていた。そこで一九三〇年には、鉄道省電気局内に本部を置く「信号会」という官民一体となった技術委員会において仕様や規格の統一に関する検討が行われ、ドライバーの視点を考慮した警報機の基準や仕

図Ⅱ―8　標準化された踏切警報機

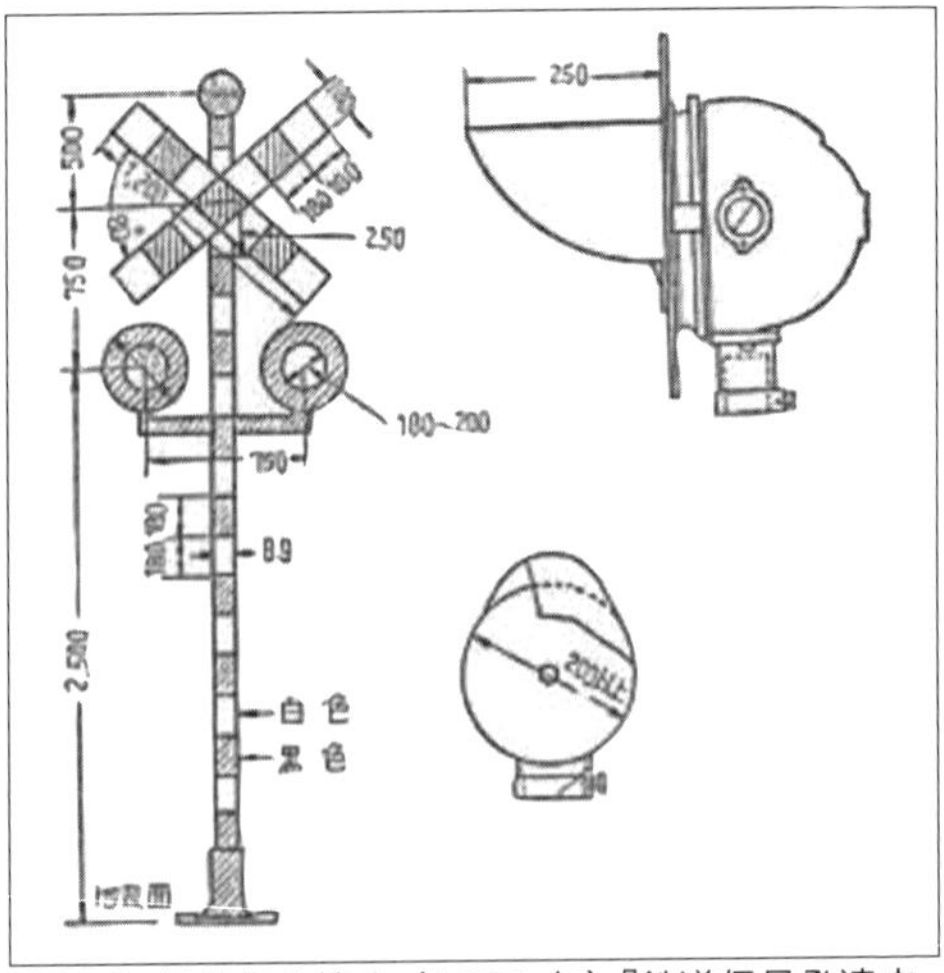

（出所）信号保安協会（1980年）『鉄道信号発達史』

様が一九三三年に定められた（図Ⅱ―8）。これが、現在の踏切警報機に使用されている警標や電鈴、閃光などの元になった。

なお、当時の踏切塗装は白と黒の二色であり、現行の黄色が使用されるようになったのは戦後になってからである。民鉄でも一九六一年の運輸省通達により、警報機は国鉄と同じ黄色と黒色の交互塗装に統一されている。

◆戦後復興期における警報機

戦後の踏切警報機は、資材不足や設備費の高騰などから新たに製造されず、戦災で焼失した設備を復元したものが用いられていた。特に一九四九年に公共企業体に移行したばかりの国鉄は、経費節減のために戦前に制定された標準タイプのものを用いず、警鈴に代わりブザーを使用したり、木柱に警報灯を一個設置したのみの警報機を使用した時期もあった。その後ふたたび標準タイプが採用されるようになったのは、政府機関などで使用される物品の購入に公開入札制度が採用されてからである。

一方、民鉄では、戦後に増大した踏切事故を受け、交通道徳の高揚を図るため、交通信号機の形状をした交通信号形や人形の形をした音声付き踏切警報機が考案され、試験的に設置された。また、踏切事故の中でも特に列車行き違い時の事故が多発したため、踏切に接近した列車の進行方向を示す列車方向指示器が設置されるようになった。現在、指示器は、多くの民鉄で採用されているが、会社ごとに種類は多様である。なお、近年では通行者などに注意喚起を行うため、指示器に文字を表示させるものもある。

◇警報機の発展と保安度の向上

①警鈴の発展

踏切警報機の警鈴には、戦前よりゴングのようなものを打ち鳴らし機械的に音声を発生させる電鈴式などが使用されてきたが、音が甲高い上音量調整ができないことから住民の苦情が多かった。そこで、一九六三年にはトランジスターを使用した警報音発生器が民鉄で開発された。これは、複数の周波数を組み合わせ変調した音が、スピーカーを介して繰り返し鳴動するものである。また民鉄では、夜間帯になるとタイマーにより音量を下げたり、遮断完了後あるいは警報開始から一定時間が経過した後、自動的に減音したりする方法がとられた。現在では、一部の地方鉄道を除き、警報音発生器がほとんどの踏切に採用されている。

②視認性の向上

警報機には、図Ⅱ—8のような二つの灯を左右に取り付けた両腕形のほかに、上下に取り付けた

写真 Ⅱ－2　全方位形警報機

筆者撮影（2015 年 1 月）

片腕形がある。

近年、道路側の信号機や標識の整備が進むにつれ、踏切の視認性を高める必要性が出てきた。そのため、遠くからでも踏切の閃光を確認できるように、一九七七年に警報灯を高い位置に設置した既述のオーバーハング（ＯＨ）形が導入された（写真Ⅱ―1）。また、多方向からの道路に対応させるため、複数の片腕形を組み合わせたものも登場した。さらに、最近ではどの方向からも閃光を確認することができる全方位形の警報灯（写真Ⅱ―2）が実用化されている。

③踏切故障表示器の開発
踏切警報機は、警報機の故障が発生すると安全を担保するために、遮断機が降下したままとなる設計がなされている。そのため、長時間降下した状態で待ち続ける通行者に踏切の故障を知らせる必要から、踏切故障表示器が開発された。この装置は、通行者への故障通告のほか、踏切動作反応灯を利用して接近中の列車の運転士にも異常を知らせたりすることもでき、踏切の保安度の向上にも役立っている。

5　ドライバーや歩行者を配慮した踏切保安装置類の開発

◇踏切の異常を通報する装置

写真 Ⅱ－3　特殊信号発光機

筆者撮影（2015 年 1 月）

有人踏切では、踏切上で異常が発生した場合、踏切係員が携帯用信号炎管や信号雷管を使用して列車防護を行うこととなっていた。ところが、輸送力の増強に伴う列車本数の増加や列車のスピードアップ、自動車台数の増加に伴い、踏切係員のヒューマンエラーによる事故が懸念されるようになり、迅速かつ正確な列車防護が要求されるようになった。

一方、無人踏切においては、これまで地域住民による踏切防護協力員制度（第Ⅲ章で詳述）のほかに、異常時における対策は何も講じられていなかった。そこで、国鉄において一九六〇年に、踏切上で異常が発生していることを運転士に知らせる特殊信号発光機（写真Ⅱ－3）が開発された。

特殊信号発光機とは、踏切上で異常が発生した場合、歩

写真 Ⅱ－4　障害物検知装置

筆者撮影（2015 年 1 月）

行者などが非常ボタンを押すことにより、発光信号を現示させ、踏切上の異常を接近中の列車の運転士に知らせる装置である。これには、発光機の現示に加え、短絡器により信号機を停止現示にさせるものもある。また、特殊信号発光機の代わりに、赤色の火炎を出す地上用信号炎管が設置されている箇所もある。

非常ボタンは、第Ⅲ章で後述する一九六三年に発生した鹿児島本線の踏切事故を受け、運輸省により歩行者もその使用が認められるようになった。それは、複線区間の第1種および第3種踏切を中心に整備されている。

◘踏切の異常を検知する装置

列車の接近中に自動車や歩行者が踏切内に立ち往生した場合、これらを自動的に検知して、前述の特殊信号発光機を動作させる装置を障害物検知装置（写真Ⅱ－4）という。この装置には、光電式とループコイル式がある。

光電式は、一九五四年の京浜急行電鉄の生麦第2踏切で発生したバスと列車との衝突事故を受けて開発がはじまり、一九六二年より試験的に設置された。導入当初、光源には赤外線が用いられ、赤外線を遮断させることにより障害物を検知していた。赤外線は霧にも強く、不可視光線のため、いたずら防止にも有効と考えられた。この障害物検知装置は光電式自動踏切防護装置と命名され、一九六五年頃より全国の民鉄や国鉄へ急速に普及していった。

その後、一九七〇年頃から、その光源に赤外線のほか、レーザーが用いられるようになった。さらに、現在では、それは出射する方角と反射する方角とを比較して障害物を検知する三次元レーザーレーダー式へと進化している。また、障害物検知装置の開発が始まった頃、ATS（自動列車停止装置）とそれとの連動化が民鉄を中心に検討され、一九七五年頃から本格導入がはじまった。

なお、光電式は、濃霧の発生する地区や豪雪地区において機能上問題が発生するため、国鉄は一九六五年頃から、踏切の下に埋め込まれたコイルによって車を検知するループコイル方式の開発に着手した。これはその後、一九七五年より北海道や日本海側の複線区間において実用化されていった。

◇踏切の動作時間を配慮した安全対策

歩行者やドライバーにとって、警報の開始から列車が踏切に到達するまでの時間は、一定かつ必要最短であることが望ましい。ところが、列車種別や列車速度の違いにより、接近時間を一定に保つことは困難である。そこで、国鉄では一九六九年より、始動点と呼ばれる警報開始地点の手前に、走行速度を識別する装置を設け、踏切動作時間の調整を行うようになった。

一方、民鉄では、一九五三年頃から信号扱所において、手動による列車種別の選別が行われるようになった。また、一九六四年より、車上に取り付けられた列車選別装置を地上で読み取る車上設定方式が導入されるようになった。

一九九〇年後半には、ATSを活用して列車選別をすることで、列車ごとの踏切制御を行うことのできる通称「賢い踏切」が開発された。これにより、安全性を確保しながら遮断時間を短縮することが可能となった。

列車通過前に限らず、遮断解除を待つ通行者やドライバーの焦燥感を少しでも緩和させるために、列車通過後は速やかに警報機が停止し遮断機が上昇することが望ましい。そこで、終動点と呼ばれる警報終了地点の手前に車軸検知子を設け、車軸数の一致、不一致により列車の通過を判断させることとした。これにより、終動点による従来方式より早く踏切の動作を終了することができるようになった。このシステムは、一九八〇年代後半に開発が行われた。

なお、一方で、踏切保安装置の増加に伴い、設備の維持管理や故障時の対応が問題視されるようになった。そこで、複数にわたる踏切の動作状態を一箇所で制御・監視できる装置が開発され、国鉄では一九六四年、民鉄では一九七二年より導入がはじまった。

以上のように踏切の保安装置は、長い歴史のなかで改良が重ねられ今日に至っている。今日、踏切事故が大きく減少したのは、こうした保安技術の開発・導入の積み重ねによるところが大きいといえる。

【参考文献】

石井直『鉄道信号と保安装置』オーム社（一九九七年）
川口裕康『鉄道工学講座』鉄道工学社（一九四二年）
交通協力会『交通年鑑』
沢和哉『日本の鉄道１００年の話』築地書館（一九七二年）
信号会『信号』
信号保安協会『鉄道信号発達史』（一九八〇年）
中村英夫『鉄道信号・保安システムがわかる本』オーム社（二〇一三年）
日本国有鉄道『日本国有鉄道百年史』（一九六九〜一九七四年）
日本国有鉄道『鉄道技術発達史』（一九五八年）
村田淳『踏切設備』山海堂（一九六二年）

III

踏切事故と安全対策の歴史

吉田　裕（関西大学大学院）

1　踏切事故の発生状況

◆鉄道創業期～戦前

明治の鉄道創業当初、踏切の交通量はさほど多くはなく、踏切を通行するもののうち速度が速いものといえば、人力車や馬車くらいであった。また、我が国で自転車が一般化したのは大正時代に入ってからであり、自動車が普及するまで、深刻な踏切事故は発生していなかった。

自動車がはじめて日本に輸入されたのは、一九〇〇（明治33）年である。大正時代に入ると、それは陸上交通の有力な輸送機関として次第に普及するようになり、一九二一年には約1・2万台であったものが、一九三〇年には約10・7万台と約10倍に増加している。これに伴い、踏切における自動車事故も同期間中に21件から353件と大幅に増加し、踏切の安全問題が注目を浴びるようになった。

戦前の国鉄における踏切事故件数は、一九三七年の1013件をピークに、一九三八年から一九四三年にかけて876件～827件と横ばい状態を示した。その後、戦時下の一九四四年から終戦後の一九四七年にかけては減少し、一九四七年には一九四三年より約300件少ない518件となった。これは、戦時下における鉄道の列車本数や自動車交通量の減少、及び終戦後のＧＨＱによる安全対策の推進によるものであった。

◆戦後～現在

戦時中に荒廃した交通機関は、一九五一年の朝鮮戦争を契機とした戦後経済の復興とともに次第に復旧・発展していった。それに伴い、日本国内における自動車登録数も、一九六〇年の約２９０万台から一九七〇年には約１６５０万台となり、その後も一九八〇年の約３７００万台、一九九〇年の約５８００万台と急増していった。自動車登録数は現在では約８千万台と一九六〇年の約28倍になっている。このことは、踏切における自動車通行量が戦前とは比較にならないほど増加したこと、換言すれば、踏切事故のリスクが著しく増大したことを意味している。

一方、国鉄は、一九四九年の公共企業体への移行に伴い、経営合理化のために踏切係員の大幅な削減を余儀なくされた。その一環として、第1種踏切の設置基準に満たない踏切は、保安装置のない第4種踏切へと種別整理が進められたために、踏切の保安度は著しく低下した。そのため、踏切事故件数は年々増大し、一九六一年にはその発生件数は３１２３件へと激増した。また、モータリゼーションの影響を受けて民鉄でもこの時期、踏切事故が著増し、一九六〇年には２４６０件に達した（図Ⅰ―1）。

こうした深刻な事態を受け、一九六一年には踏切事故の防止を目的とする「踏切道改良促進法」

が制定された。この法律の制定は、踏切の安全の向上にとって大きな役割を果たした。すなわち、一九六〇年代以降、この法律に基づいて官民あげての様々な施策が推進されたことにより、国鉄では一九六一年の３１２３件から一九六六年には２０３３件へ、民鉄では一九六六年の１９４７件から一九七一年の１０２８件へと大きく事故件数が減少したのである。現在では、ＪＲ及び民鉄合わせて、事故件数はピーク時の1割程度の年間３００件前後で推移している。

また、踏切事故の減少に伴い、踏切事故による死傷者数も、国鉄では一九六〇年の２５３２人、民鉄では一九五九年の２３４３人をピークに減少傾向をたどり、現在ではＪＲ及び民鉄合わせて、年間２００人前後とピーク時の1割未満となっている（図Ⅰ―２参照）。

◆踏切重大事故

表Ⅲ―1は、鉄道創業以来の50名以上の死傷者を伴った踏切事故の一覧である。本章ではこれらの事故を踏切重大事故と呼ぶこととする。表Ⅲ―1が示すとおり、踏切の重大事故は、一九六〇年代に10件、一九七〇年代に19件と一九六〇～七〇年代を中心に発生していることが分かる。

踏切事故が減少傾向を示しはじめたのは一九六〇年代に入ってからであるが、一方で複線区間において列車同士の衝突を伴う踏切重大事故が3年続けて発生した。また、一九六〇年代後半には、大型車の警報無視による重大事故が第3種踏切を中心に相次いで発生している。

その後も踏切事故は件数的には減少を続けるが、50人以上の死傷者を伴う重大事故は一九九〇年

表Ⅲ―１　踏切重大事故一覧

	年	月	日	事故種別	会社	線名	場所		踏切種別	死亡	負傷	合計
1	1945	8	31	踏切障害	国鉄	山陰	亀岡	八木	4種	2	60	62
2	1958	6	10	列車脱線	国鉄	山陰	八木	千代川	3種	4	90	94
3	1958	8	14	列車脱線	国鉄	山陽	川下(信)	南岩国	3種	0	65	65
4	1959	10	11	列車脱線	名古屋鉄道	本線	大里駅		4種	9	64	73
5	1960	9	12	列車脱線	国鉄	水戸	川島駅		3種	0	62	62
6	1960	12	12	踏切障害	国鉄	姫新	美作追分	美作落合	4種	10	57	67
7	1961	1	13	列車衝突	国鉄	東海道	保土ヶ谷	戸塚	4種	5	96	101
8	1962	8	7	列車衝突	国鉄	南武	津田山	久地	4種	3	197	200
9	1963	8	7	列車脱線	国鉄	筑肥	今宿	姪浜	4種	1	62	63
10	1963	9	20	列車衝突	国鉄	鹿児島	香椎	箱崎	1種自動	8	154	162
11	1964	11	27	列車脱線	国鉄	函館	手稲	琴似	3種	2	62	64
12	1967	1	27	列車脱線	豊橋鉄道	渥美	杉山	豊島	4種	0	60	60
13	1967	4	1	列車脱線	南海電鉄	本線	樽井	尾崎	3種	5	186	191
14	1969	12	9	列車脱線	東武鉄道	伊勢崎	館林	多々良	3種	7	142	149
15	1970	4	21	列車脱線	東武鉄道	日光	板荷	下小代	3種	0	55	55
16	1970	8	5	列車脱線	国鉄	豊肥	滝尾	中判田	4種	1	72	73
17	1970	10	9	列車脱線	東武鉄道	伊勢崎	鷲ノ宮	花崎	3種	5	237	242
18	1971	3	4	列車脱線	富士急行	大月	暮地	三つ峠	1種自動	14	72	86
19	1971	5	3	列車脱線	京福電鉄	三国芦原	水居駅		4種	0	77	77
20	1971	11	19	列車脱線	越後交通	栃尾	下長岡	小曽根	4種	1	120	121
21	1971	12	7	列車脱線	秩父鉄道	羽生	持田	熊谷	4種	0	60	60
22	1972	6	6	踏切障害	国鉄	千歳	島松	恵庭	3種	2	85	87
23	1972	8	18	列車脱線	国鉄	仙石	東塩釜	陸前浜田	3種	2	55	57
24	1973	5	15	列車脱線	国鉄	紀勢	佐奈	栃原	3種	1	71	72
25	1973	9	8	列車脱線	国鉄	仙山	愛子	陸前白沢	4種	0	77	77
26	1973	10	3	列車脱線	近江鉄道	近江本	日野	水口	4種	0	70	70
27	1974	4	3	踏切障害	水島臨海鉄道	川鉄	水島	三菱自工前	4種	0	73	73
28	1974	9	20	列車脱線	国鉄	花輪	横間	田山	3種	0	56	56
29	1975	4	17	列車脱線	近畿日本鉄道	京都	山田川	新祝園	1種自動	0	69	69
30	1977	3	12	踏切障害	神戸電鉄	粟生	押部谷	栄	4種	0	56	56
31	1978	11	5	踏切障害	国鉄	池北	境野	西訓子府	4種	0	77	77
32	1979	3	29	列車脱線	国鉄	常磐	土浦	神立	1種自動	1	58	59
33	1979	10	3	列車脱線	京王帝都電鉄	京王	武蔵野台	飛田給	1種自動	1	52	53
34	1984	3	30	列車脱線	国鉄	外房	八積	茂原	3種	1	62	63
35	1985	8	7	列車脱線	国鉄	筑肥	今宿	姪浜	1種自動	0	189	189
36	1987	7	8	列車脱線	名古屋鉄道	犬山	平田橋	中小田井	1種自動	0	187	187
37	1987	8	10	踏切障害	ＪＲ西日本	呉線	仁万駅		1種自動	0	54	54
38	1991	6	25	列車脱線	ＪＲ西日本	福知山	丹波竹田	福知山	1種自動	0	333	333
39	1992	9	14	列車脱線	ＪＲ東日本	成田	久住	滑河	1種自動	1	90	91
40	1996	1	12	踏切障害	ＪＲ北海道	日高	浜厚真	勇払	1種自動	0	71	71
41	2007	3	1	列車脱線	ＪＲ北海道	石北	美幌	緋牛内	1種自動	0	52	52

（出所）日本鉄道運転協会（2009 年）『重大運転事故記録・資料 追補』日本鉄道運転協会。

代以降も4件発生している。

2　過去に発生した主な踏切重大事故

表Ⅲ―1で示した過去の踏切重大事故のうち、ここでその中でも特徴的な4件の踏切事故を取り上げ、その概要をみておく。

◆南武線津田山～久地間第4種踏切事故

この事故は、一九六二年五月の常磐線・三河島二重衝突事故（死者160名、負傷者296名）から幾月も経っていない中で発生した惨事で、国鉄の安全対策に対する社会の大きな不信を惹起した事故である。トラックとの衝突により電車が脱線した後、反対側から接近してきた電車と衝突したことから、三河島の悪夢を再現した事故とも言われている。

①事故の概況

一九六二年八月七日17時14分頃、国鉄南武線・津田山～久地間の無名踏切（第4種踏切、複線区間）において、下り普通電車（4両編成、乗客約250名）が現場付近を時速約50キロで運転中、運

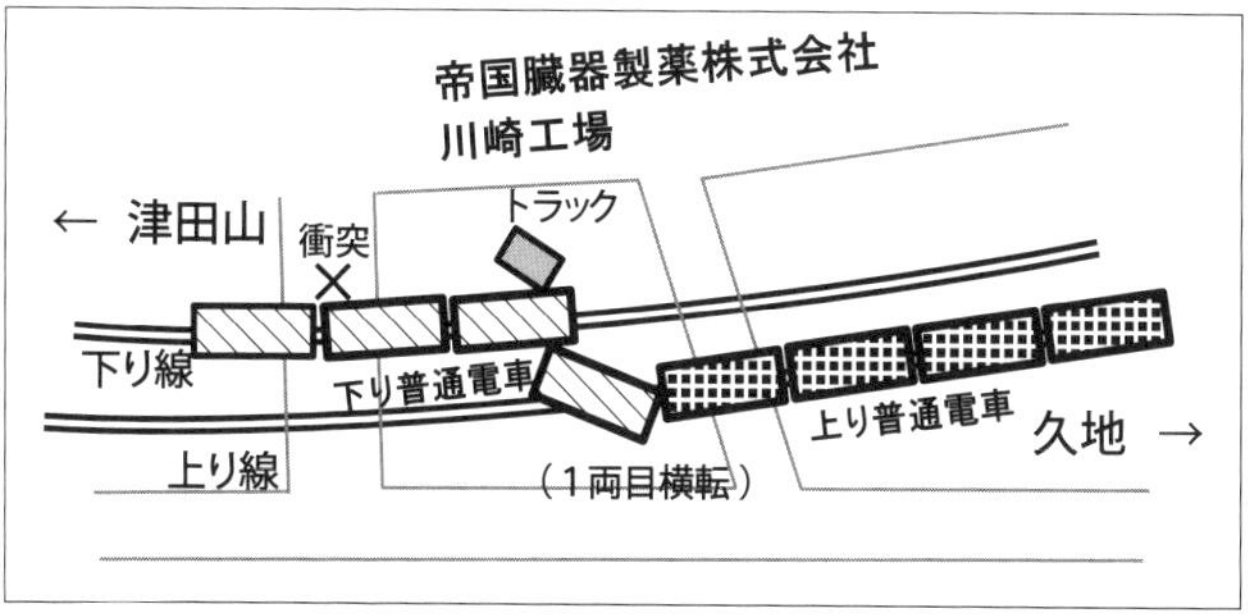

資料Ⅲ－1　朝日新聞 1962 年 8 月 8 日付

転士が進行方向左側から踏切内に進入してきた小型トラック（2トン空車）を約100メートル手前で発見し非常ブレーキをかけた。しかし、間に合わず、電車はトラックと衝突して上り線側に傾斜した。その直後、現場に接近してきた上り普通電車（4両編成、乗客約70名）の運転士が、脱線し上り線側に傾きつつあった下り電車を約30メートル手前で発見した。上り電車の運転士は、直ちに非常ブレーキをかけたが間に合わず、下り電車に衝突した。これにより、下り電車の第1両目は全軸脱線のうえ横転・大破し、第2両目も大破した。一方、上り電車も、1両目は前2軸が脱線のうえ大破し、2両目も中破した。なお、トラックは、下り電車の2両目中央付近の線路脇で大破していた。この事故により、3名が死亡し、197名が負傷した（資料Ⅲ―1）。

事故発生直後、現場に隣接していた帝国臓器製薬株式会社・川崎工場（当時）の社員をはじめ、住民らの協力により、懸命な救助活動が行われた。

②事故の原因と教訓

原因は、建設会社のトラックが踏切において一時停止を怠ったためであるが、現場は半径400メートルのS字カーブのため運転士からの見通しが悪い上、道路側から踏切道に向かって40パーミルの下り勾配がついていた第4種踏切であったことが背景にある。本踏切は、帝国臓器製薬が国鉄に申請して設置された専用踏切である。トラックが工場の増築用資材を工場に搬入後、空車で戻る途中に電車と衝突して事故に至っている。また、下り電車がトラックと衝突した直後に上り電車が接近してきたため、発煙筒などによる列車防護措置をとる余裕がなく、三河島事故の教訓を生かすことはできなかった。

事故当時、国鉄が保有する踏切の8割以上が「あぶない無人踏切」と呼ばれていた第4種踏切であった。そのため、本事故を契機に保安装置の設置や立体交差化などの必要性が再認識され、第4種踏切の改良・廃止が推進されるようになった。

◆鹿児島本線香椎～箱崎間第1種自動踏切事故

本事故も、前年度に発生した三河島事故や南武線で発生した踏切事故を再現したかのような二重脱線事故である。また、踏切設備の中でも最も保安度の高い第1種自動踏切において発生した初めての甚大な事故であった。このため、再び国鉄の安全対策に対する社会的な強い不信の念が巻き起こった。

①事故の概況

一九六三年九月二〇日19時04分頃、国鉄鹿児島本線・香椎～箱崎間の千代松原踏切（第1種自動踏切、複線区間）において、上り快速電車（4両編成）が時速約88キロで走行中、運転士が踏切上で停止している大型トラック（8トン空車）を直前で発見し非常ブレーキをかけたが間に合わず、トラックと衝突した。上り快速電車の1、2両目および3両目の前側が脱線し、うち1両目は下り線側に横転した。その直後、現場へ時速72キロで下り

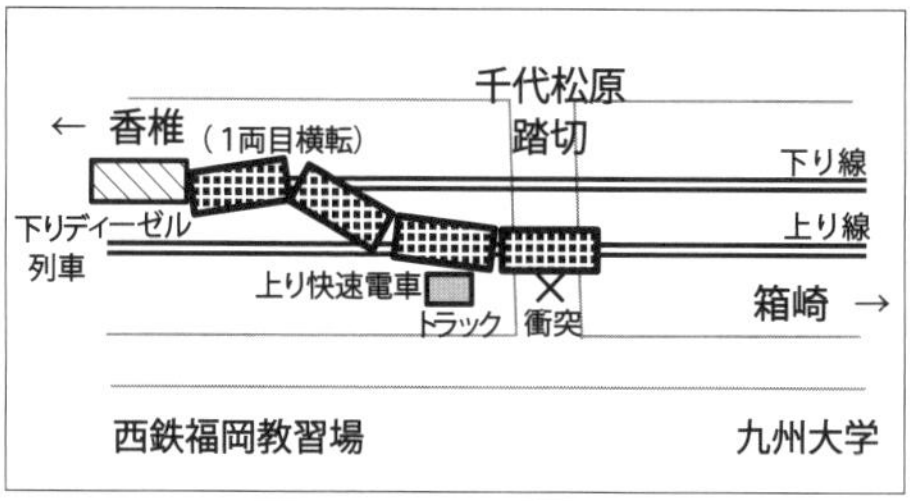

また踏切の大惨事 鹿児島本
難航を続ける救助作業
ラッシュ時、満員の快速電車
遺体、ロープで次々と
夜の暴走車に"断"
初の27都府県一斉取締り
警察庁
四千八百余台を摘発
3人死に28人重軽傷
労務者乗せた三輪転落
熊本県
急行「霧島」など遅れる

資料Ⅲ－2　朝日新聞 1963年9月21日付

列車（1両編成）が接近してきた。下りディーゼル列車の運転士は衝突した電車の薄明りを約150メートル手前で発見し非常ブレーキをかけたが間に合わず、横転した上り快速電車に衝突して約2メートル食い込み、上り線側に脱線した。

上り快速電車は、帰宅ラッシュ時であったことから満員で、事故直後の現場は混乱を極めた。暗闇の中で重機を使用した大掛かりな救助作業が行われたが、特に1両目前部側に乗車していた乗客らは、衝突したディーゼル列車との間に閉じ込められており作業は難航した。

この事故により、8名が死亡し、154名が負傷した（資料Ⅲ—2）。

②事故の原因と教訓

故障して自走できなくなっていた大型トラックが、ロープでけん引されて踏切を通過していた際、ロープが切れてしまい、踏切上に取り残されてしまったことが直接の原因である。踏切に接近する上り快速電車を停車させるため、大型トラックをけん引していたトラックのドライバーや周辺の住民などが両手を広げて50メートルほど列車の方へ走ったが、暗闇であったため運転士が気付くことはなかった。踏切から上り電車までの見通し距離は400メートル程度と悪い上、夜間であったこともあって踏切での異常が発見しにくかったことが重大事故につながった。

この事故を契機に、夜間においても乗務員が踏切上の異常の有無を確認できるようにするため、複線区間の第1種自動踏切および第3種踏切に踏切照明設備が設置されるようになった。また、自動車が踏切を支障した場合に、通行者の操作により直ちに乗務員に危険を報知することができる列車防護装置も導入された。

さらに、「踏切防護協力員制度」が拡充された。踏切防護協力員制度というのは、踏切係員のいない無人踏切の近隣に居住する住民に対し、自動車等が踏切に支障をきたした際、駅への連絡や列車防護手配を依頼する制度である。これにより、指定された協力員数は、一九六三年一〇月には2520人であったのが、約1年後の一九六四年一二月には第1種自動踏切を中心に5883名と2倍以上に増員された。その後半世紀近くが経つが、現在でもJRの一部の地域においてこの協力員制度は残っている。

③同種事故

列車の二重衝突に至った踏切事故は、一九六七年に南武線で発生した事故のほかにも、一九六一年に東海道本線・保土ヶ谷〜戸塚間の秋葉踏切（第4種踏切、複々線区間、幅員2・7メートル、長さ17・6メートル）で発生している。この踏切事故は、100人以上の死傷者を出す前例のない二重衝突事故として知られている。原因は、ダンプカーを無免許で運転していた運転手が一時停止を怠ったためである。一方、ダンプカーと衝突した上り電車は時速95キロで回復運転を行っており、ほぼ同時刻に下り電車が時速82キロで進入してきたため、衝突による衝撃力も大きくなり、全車両に渡って破損が生じた。

ところで、この時期に発生した3件の踏切事故を除き、その後長期にわたって列車の二重衝突を伴う踏切事故は一件も発生していない。しかし、平成に入ってからも自動車との衝突により隣の線路上へ脱線した事故が数件発生しており、踏切には列車の二重衝突事故へと進展しかねない事故リスクがなお存在するものと考えられる。

二〇〇二年に名鉄名古屋本線・奥田～大里間の大里8号踏切（第1種踏切、複線区間）付近で発生した事故も特記すべき事故といえる。この事故は、遮断悍が降下した状態で踏切内に進入した普通自動車が線路上を迷走中、後方から接近してきた列車に衝突するという前例のない事故であった。衝突による衝撃により架線柱が数本倒壊した上、1～2両目が隣の線路側へ大きく脱線した。幸いだったのは、事故と同時に停電が発生し、そのため反対方向から来ていた列車は前駅で停車したことである。そのため、二重衝突には至らなかったが、停電が発生していなかったら極めて深刻な事故へと進展しかねない事故だった。

◆伊勢崎線館林～多々良間第3種踏切事故

一九六〇年代の半ばには、表Ⅲ－1のとおり第3種踏切で多くの重大な事故が発生している。本事故は、そうした第3種踏切事故の代表的な事例である。

①事故の概況

一九六九年一二月九日8時13分頃、時速約80キロで東武鉄道伊勢崎線・館林〜多々良間の第3種踏切（単線区間）に接近していた上り準急電車（6両編成、乗車約６００名）の運転士が、踏切上で橋りょう工事用資材を運搬したクレーン車（60トン型）を発見した。運転士はただちに非常ブレーキをかけたが間に合わず、クレーン車と衝突した。電車はクレーン車を50メートル以上引きずりながら馬乗りとなり、前3両が脱線、1両目は転覆し、「へ」の字に折れ曲がった状態となった。さらに、踏切の反対側で電車の通過を待っていた乗用車3台、トラック1台に電車が覆いかぶさったために被害が拡大した。

この事故により、7名が死亡し、１４２名が負傷した（資料Ⅲ―3）。通勤・通学時間帯に発生した事故であったことから、負傷者の中には登校途中の中学生や

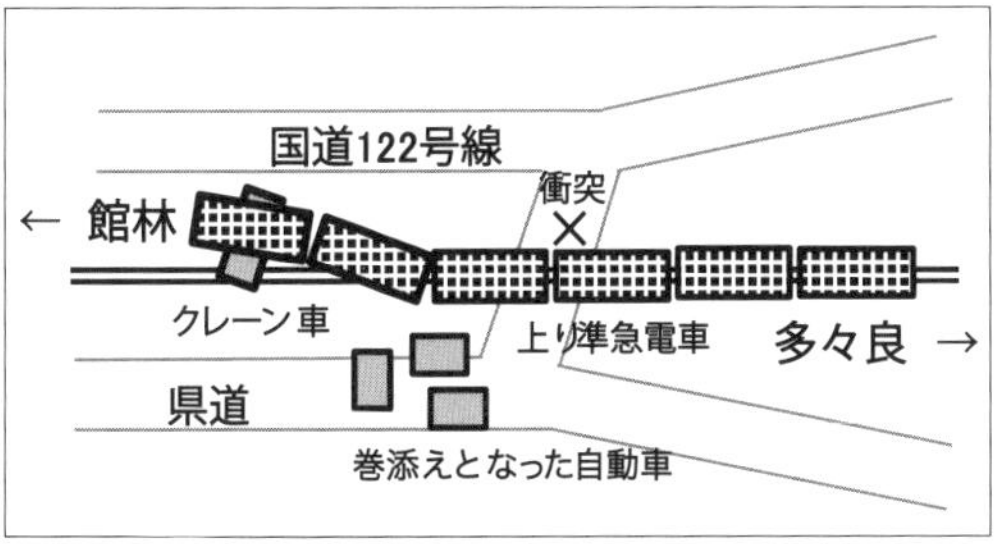

血に染まった通勤電車 館林
すわり込む先生
うめき声の中 救出難航

資料Ⅲ－3　毎日新聞夕刊 1969 年 12 月 9 日付

高校生が多かった。

②事故の原因と教訓

事故の直接的な原因は、警報機が鳴っているにもかかわらず、クレーン車が一時停止せずに踏切内に進入したことにあった。また、本来ならば、総重量20トンを超す車両が通行する際には道路通行経路の許可が必要であったにもかかわらず、ドライバーがその許可を得ていなかった。

さらに、この踏切は、周辺の見通しは良かったものの、交通量の多い国道と県道が並行した狭い箇所に鋭角で設けられた構造上欠陥のある踏切であった。そのため、毎朝交通渋滞が発生しやすく、無理に進入するドライバーが後をたたず、地元では「魔の踏切」と恐れられていた。

館林市も、そうした事情を十分に把握しており、事故の数年前から東武鉄道へ改善要望を出していたが、改善されないまま事故の発生に至ってしまった。いわば、起こるべくして起こった事故といえる。

一方、東武鉄道側も問題は認識しており、事故の2年前に幅員の広い踏切を館林駅寄りに移設する計画を策定していたものの、地元との折り合いがつかず、踏切の移設は実現していなかった。事故後、線路を挟み国道と県道との間には跨線橋が設置されたことにより本踏切は廃止された。

この事故は、欠陥踏切の一斉点検が全国的に実施される契機となった事故である。点検の結果、欠陥踏切は、第3種踏切に集中していることが分かり、第1種踏切への格上げや一方通行などの交通規制、拡幅、立体交差化、整理統合などが促進された。一方、総重量20トンを超す車両は道路管理者が通行上安全と認めない限り運行できないようになっていたが、ほとんどの大型特殊車両が無許可で走っていることが明らかとなったため、監視の強化が図られるようになった。

③第3種踏切で発生したその他の事故

東武鉄道では、運輸省の勧告を受け入れて急ピッチで踏切改良を進めている最中の一九七〇年四月と一〇月にも、多数の死傷者を伴う踏切事故が発生している。いずれも見通しのよい第3種踏切であり、ダンプカーが一時停止せずに踏切内に進入したという点まで、館林で発生した踏切事故と酷似している。

まず四月の事故は、日光線板荷～下小代間の踏切で発生している。この踏切は、交通量が少ないにもかかわらず、これまでにも事故が一九六〇年一月と一九六六年一二月の2回発生していた。

次に一〇月の事故は、伊勢崎線鷲宮～花崎間で発生している。東北縦貫自動車道建設に伴う盛土用の土砂を運搬していた大型ダンプカーによるものであった。この踏切では、1日約600台の大型ダンプカーが通行していたことから建設会社によって踏切係員が配置されていたが、ダンプカーが係員の列車接近合図を無視して暴走したために起こった事故である。その背景には、ダンプカー運転手の過酷なノルマがあったとされている。

◆大月線月光寺〜富士吉田間第1種自動踏切事故

この事故は、事故後に特異な再発防止策が採られた事故として知られている。一般的には、踏切事故後の再発防止策といえば保安装置の改良・導入など踏切施設を対象としたものであるが、この事故では車両側に再発防止策が講じられている。

①事故の概況

一九七一年三月四日8時23分頃、富士急行大月線の月光寺〜富士吉田（現、富士山）間にある緑ヶ丘第二踏切（第1種自動踏切、単線区間）において、上り電車（2両編成）が月光寺駅に到着する直前に、小型トラックが遮断機を突き破って侵入し、電車の前部に衝突した。その衝撃により、電車の空気ブレーキが作動しなくなり、電車は時速約50キロを超える速度で、40パーミルの下り勾配を逸走しはじめた。運転士は、通常とは異なる手動ブレーキの使用を試みたが、速度は全く低下せず、電車はノーブレーキ状態となった。危険と判断した車掌は、電車の脱線や衝突などに備え、乗客を2両目に誘導するとともに、床や座席にしゃがむように指示した。

トラックとの衝突から脱線までの5分間余りは、ノーブレーキ状態により乗務員もパニックとなった。また、通常の2〜3倍もの速度となっていたことにより、普段とは異なる車窓外の光景や列車の激しい揺れなどから、多くの乗客は死の恐怖を体験した。

電車は、月光寺駅をはじめ４つの駅を通過した後、トラックと衝突した踏切から約４キロ離れた暮地（現、寿）〜三つ峠間に存在する半径２４０メートルの通称大藤の切り通しカーブで２両とも脱線した。そのうち1両目は、砂利に乗り上げた程度であったが、乗客が集中した２両目は横転後、山肌に激突し、車両は「く」の字に曲がり大破した。事故発生時、下り列車が三つ峠駅に差し掛かっていたが、上り電車の走行により赤信号が現示されたため、幸いにも列車衝突を回避することができた。この事故により、14名が死亡、74名が負傷した（資料Ⅲ—４）。

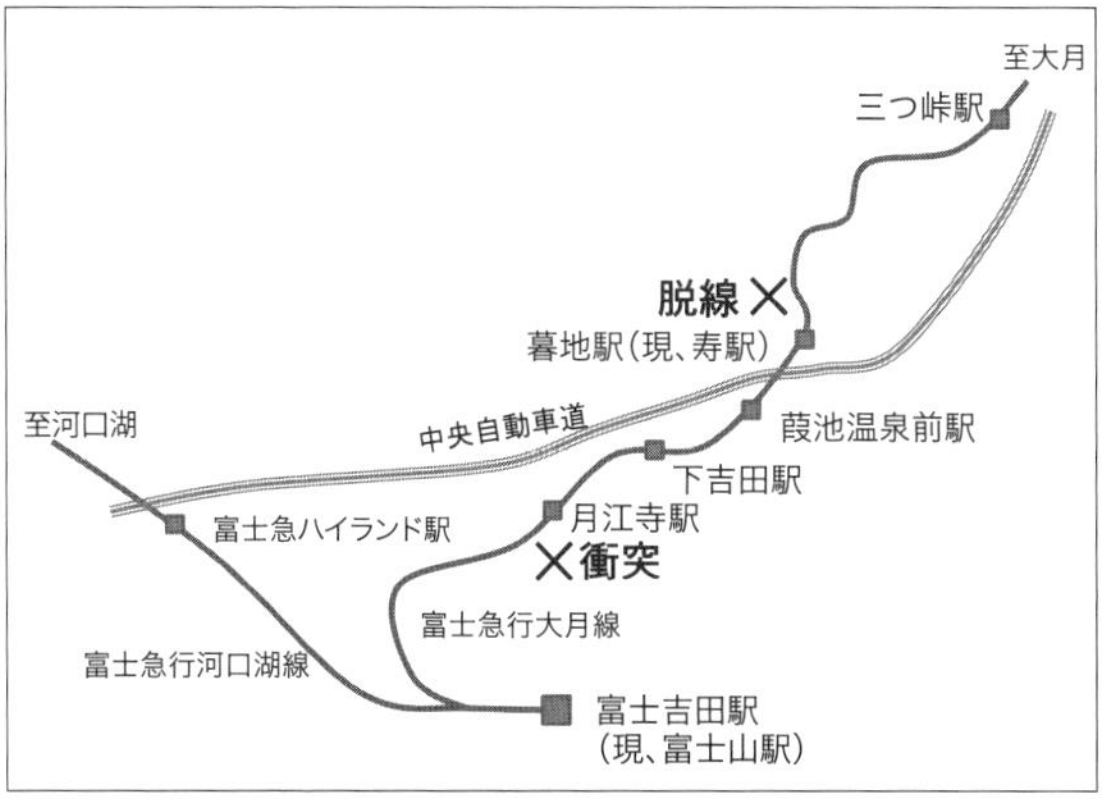

朝日新聞 夕刊

トラックと衝突、ブレーキ破損
富士急電車が暴走・横転

死者12・負傷72人
急坂を4駅間突走る
通勤通学客で満員
富士吉田

3種ともきかず

必死の制動むなし
恐怖の4キロ

拡大へ弾力運用確認
藤山氏一行、帰国の途に

東京貿易

資料Ⅲ－４　朝日新聞夕刊1971年3月４日付

②事故の原因と教訓

原因は、踏切で一時停止した小型トラックの運転手が、強風により崩れかけた積荷のベニア板を積み直す際、サイドブレーキをかけずに降車したことでトラックが動いて踏切内に進入したためであった。道路がフラットであればトラックが動くこともなかったが、道路側から踏切に向かって下り勾配がついていたことがこの不幸な事故を招いてしまった。

この事故では、トラックとの衝突そのものより、衝突により電車がノーブレーキ状態となったことに焦点が当てられ、徹底的な原因究明の必要性が指摘された。調査の結果、小型トラックが車両床下に巻き込まれたときに空気タンクが破損したため空気が抜け、ブレーキが作動しなくなったことが分かった。この電車は、通常使用する空気ブレーキのほか、電気ブレーキ、手動ブレーキと三重系になっていたが、速度が高速域になると電気ブレーキや手動ブレーキは全く効果がなかった。

この事故を契機に、自動車の衝撃といった外部からの力が作用した場合を考慮したブレーキの設計や常用ブレーキとは別系統の保安ブレーキの導入、空気ブレーキ系統の二重系化などの対策が講じられた。

3　近年の踏切事故

◇伊勢崎線竹ノ塚踏切事故

これまで、踏切の重大事故といえば、前述したとおり自動車との衝突によるものがほとんどであった。そうした重大事故は、近年減少傾向にあるが、一方で、踏切事故の最近の顕著な特徴として高齢者を中心とした歩行者が被害者となる割合が増加しているという点を挙げることができる。そこでここでは、いわゆる「開かずの踏切」において踏切係員のヒューマンエラーが原因で発生し、歩行者が被害者となった踏切事故を取り上げる。

事故が発生した東武鉄道伊勢崎線の竹ノ塚駅構内の第37号踏切は、線路5本と区道足立第2号線（通称、赤山街道）が交差しており、竹ノ塚駅を挟んで反対側に位置する第38号踏切と同様、ラッシュ時には1時間のうち空いている時間は数分程度のボトルネック踏切であった。また、踏切長が33・2メートルと長大踏切であるため、通行人や車などが踏切内に閉じ込められたときなどに備えて、全国的にも非常に珍しい踏切係員が配置された手動踏切であった。

手動踏切は、踏切係員の判断で遮断機を扱うことができるため、自動踏切に比べ遮断時間を少しでも長く確保することができる。しかし他方で、人間の注意力に頼るやり方では、安全の確保に限界もあることから、この踏切を利用していた地元の住民からは、かねてから事故の発生を危惧する声が上がっていた。

①事故の概況

二〇〇五年三月一五日16時50分頃、東武鉄道伊勢崎線の竹ノ塚駅構内第37号第1種踏切（複々線区間）において、上り普通電車が本踏切を通過した直後、踏切係員が上り準急電車の接近を失念し、早上げ防止鎖錠装置の解除により遮断機を上げた。その直後、上り準急電車は無遮断で本踏切を通過した。上り準急電車の運転士は、踏切を横断する数名の歩行者らを50メートル手前で発見し、直ちに非常ブレーキをかけたが間に合わず、電車は歩行者4人と接触し、うち2人が死亡した。

踏切係員が常駐する詰所では、電車が接近すると各線ごとに電車接近ランプが点灯し、警報ブザーが鳴るシステムとなっていたが、踏切係員のエラーの誘発を防ぐことはできなかった。

②事故の原因と教訓

直接の原因は、踏切係員が下り準急電車の接近に気を取られ、次に通過する上り準急電車の接近を失念したこと、及び内規に違反して係員の判断により早上げ防止鎖錠装置を解除したことにある。本来この鎖錠装置は、電車接近時における誤操作防止のためのバックアップであり、装置の解除には踏切内で異常が発生した場合を除き駅長の許可が必要であった。ところが、係員の判断による鎖錠装置の解除は常態化しており、これまでにも数回同様の操作ミスが行われてきたとされている。

こうした不適切な取り扱いが繰り返された背景として、第一に、本踏切は「開かずの踏切」であるため、踏切係員は通行者からの精神的重圧を受けており、係員はわずかな時間であっても遮断機を上げ、1人でも多く通行させたいという思いが強かったこと、第二に、踏切係員の業務は特殊性が強く、人事異動がほとんど行われていなかったため、閉鎖的となりがちであった。そのため、本社や現場管理者が職場の実情を十分に把握ができていなかったことが挙げられる。

また、この踏切では、通常2名1組の交替制勤務となっており、1名は遮断機のハンドル操作、もう1名は監視業務を行うことになっていた。しかし、事故発生時、詰所には交替前の係員を含め4人の係員がいたにもかかわらず、業務に就いていたのはハンドル操作を行う係員1人であった。この点も大きな問題点として指摘できる。

事故後、本踏切では自動化をはじめ、緊急対策として踏切歩行帯の拡幅や竹ノ塚駅西口のエレベータ設置などが行われた。また、事故から約1年後の二〇〇六年三月には、エレベータ併設の歩道橋が本踏切に併設された。

さらに、地域住民、足立区、足立区議会の三者により「竹ノ塚駅付近鉄道高架化促進連絡協議会」が結成され、高架化の実現に向けた活動が始まった。高架化促進に関する署名活動が足立区全域で行われ、人口の3分の1に相当する21万人以上の署名が集められた。そうした取り組みの結果、事故の翌年には、連続立体交差事業の採択基準が緩和され、第37号踏切を含む延長1・7キロの連続立体交差化事業が二〇一二年一一月に着工された。この連続立体交差化事業は、東京都では初めての区が事業主体となった事業であった。

写真Ⅲ－１ 東武鉄道伊勢崎線竹ノ塚駅踏切事故現場で進められている連続立体交差事業（上）と掲示（下）筆者撮影（2015年１月）

③高架化までの道のり

踏切の究極の安全対策は踏切自体をなくすことである。その有力な手段は立体交差化である。本踏切においても、東武鉄道伊勢崎線の複々線化事業の頃から立体交差化が検討されていた。しかし、実現には至らず、二〇〇五年の事故に至ってしまった。以下、立体交差化までの道のりを振り返っておく。

東武鉄道伊勢崎線は、一九六二年より営団地下鉄（現、東京メトロ）日比谷線との直通運転開始以来、住宅開発が急速に進み、通勤・通学客が著しく増加した。そのため、東武鉄道では線路容量を倍増させるため、北千住～竹ノ塚間６・３キロにおいて、関東の民鉄では初めてのケースとなる複々線化工事を一九七〇年より進めた。北千住～西新井間では、高架線増方式がとられたものの、西新井～竹ノ塚間２・１キロは、車両工場（現在廃止）や車両基地、環状７号線の跨線橋などにより平面線増方式を余儀なくされた。なお、現在では北千住～北越谷間が複々線となっているが、この区間を除き全て高架となっている。

竹ノ塚駅周辺の立体交差化に向けた取り組みは、一九八〇年の足立区議会において地元からの請願が採択されたことに始まる。しかし、地元の強い要望にもかかわらず高架化はいっこうに実現せず、二〇〇一年には約5万人の署名とともに再度要望書が区長に提出されたものの日の目をみるに至らなかった。

二〇一二年一一月に着工された連続立体交差事業は、大幅な用地取得を行わず限られたスペースで施工するため、約一〇年を要する難工事となる。このような大事業は、一つの自治体や鉄道事業者だけの力では困難で、国や都を動かした地域住民の熱意と努力による部分が大きかったと言っても過言ではない。現在も、二〇二一年度末の完成を目指して改良工事が進められ、「竹の塚」は踏切のない安全な街に生まれ変わろうとしている（写真Ⅲ―1）。

◆山陽電鉄本線荒井～伊保間第1種自動踏切事故

踏切事故の中には、自動車が踏切を渡りきれず、列車と接触するものが多い。それは、自動車の無理な横断だけでなく、踏切近辺の道路構造が原因となって起こる場合もある。本事故は、そうしたケースの一つである。この踏切は、遮断桿から交差点までの距離が約12メートルと短いため、構造上車が踏切内に滞留しやすく、これまでにも過去5年間で遮断桿が11本も折損されるといったリスクの高い踏切であった。

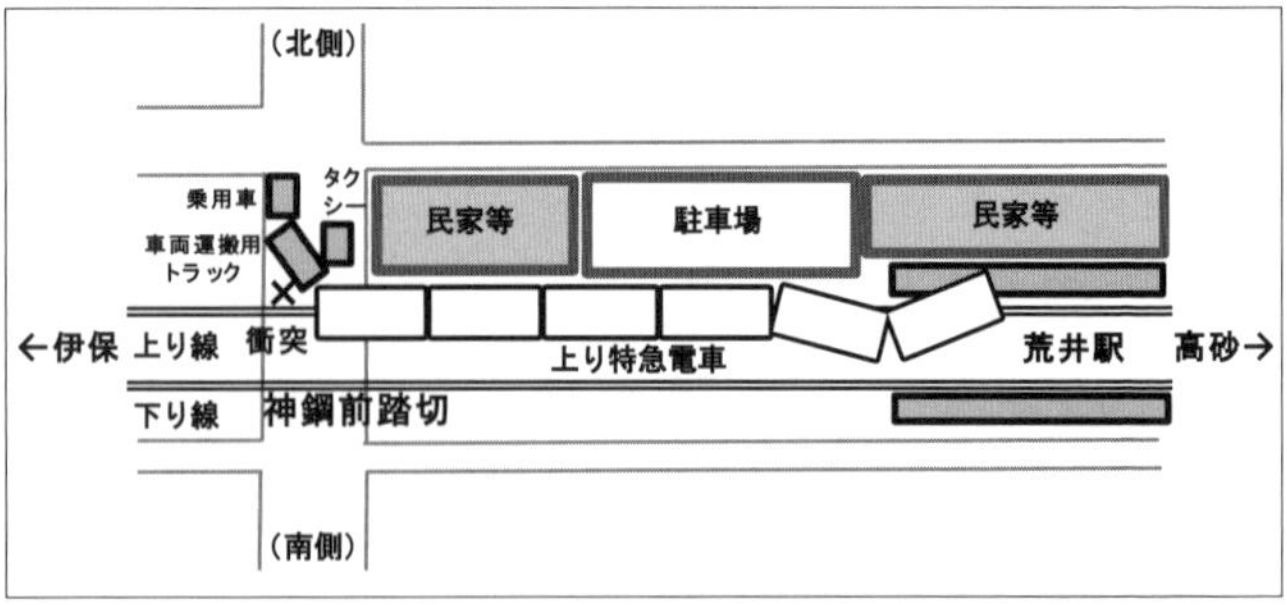

山電脱線15人

2020年五輪

レスリング除外危機

北朝鮮 3度目核

安保理が非

資料Ⅲ－5　神戸新聞 2013年2月13日付

①事故の概況

二〇一三年二月一二日15時48分頃、時速約95キロで山陽電鉄本線・荒井〜伊保間の神鋼前踏切（第1種踏切、複線区間）に接近していた上り特急電車（6両編成、乗車62名）の運転士が、上り線路上に支障物を発見した。運転士は、非常ブレーキをかけたが間に合わず、車両運搬用トラック（以下、「トラック」という）の後部に衝突した。

トラックは、自動車運搬業者が所有するもので、高砂市の配送先で自動車を降ろした後、踏切の南側から北側へ横断する際、前方を走行していた乗用車が赤信号により次の交差点で停車したため、踏切を完全に渡りきれず、電車と衝突した。

上り特急電車の1、2両目は脱線し、4本の架線柱をなぎ倒し、1両目先頭部が荒井駅上りプラットホームに乗り上げて停車した。これにより、1両目の先頭部が大破し、運転士は運転台に足を挟まれ重傷を負った。運転士のほか、乗客15名とトレーラーのドライバー、電車との衝撃によりトラックと衝突したタクシーのドライバーが軽傷を負った。また、踏切からホームとの間には民家や駐車場があり、脱線により民家のベランダや駐車場のブロック塀、駐車中の乗用車も損壊した。幸いにも、住民や歩行者から死傷者はでなかった（資料Ⅲ―5）。

運転士によると、本踏切から伊保方は見通しが悪く、踏切より約50メートル手前でようやくトラックの後部を確認できたという。なお、本踏切には障害物検知装置が設置されていたが、トラックの後部が検知されることはなかった。

なお、この事故で架線柱の倒壊により停電が発生したため、反対側から接近する予定の下り特急電車は、運転指令からの指示により高砂駅（前駅）において抑止後、運転が打ち切られた。

②事故の原因と教訓

トラックのドライバーは、本踏切の遮断桿が降りたため、前方を走行していた乗用車のうしろに停車し、下り電車が通過するのを待っていた。その後遮断桿が上がり、ドライバーは、一時停止や

写真Ⅲ－２　事故のあった伊保間第１種自動踏切を南側から見たところ。筆者撮影

写真Ⅲ－３　「踏切進入注意」の看板。筆者撮影

安全確認を怠り、前方の乗用車が前進した直後に踏切へ進入した。ところが、前方の乗用車は、赤信号により踏切からわずか12メートルしか離れていない交差点で停車した。既に踏切の横断を開始していたトラックは、可能なかぎり前方の自動車に寄せたものの、間もなく警報音が鳴り始めた。そこで、ドライバーは一旦降車し、トラックの後部を確認したところ、最後部に立ててある可動式

スロープを含め、トラックの一部が遮断桿の内側に取り残されていることが分かった。

ドライバーは、この状態でトラックを前進させるとスロープが遮断桿と接触し、スロープ自体が踏切上に落下する恐れがあると判断した。そのため、ドライバーはスロープを降ろし、トラックを前進させようとしたところ、踏切に接近してきた上り特急電車がスロープに乗り上げ、脱線した。

事故の直接的な原因は、ドライバーが前方を確認せず踏切内に進入したことにある。運輸安全委員会の鉄道事故調査報告書（以下、「報告書」という）によると、ドライバーは踏切を横断する直前、前方の交通信号機が黄色の点滅であったことを確認したため、前方の乗用車に続いて交差点を横断できると思い込んだ。また、ドライバーが踏切を横断している最中に、右折を予定していた次の交差点が右折禁止であったことに気付き、その後のルートについて意識を集中させたため、交通信号機が赤となったことに気付かなかった。ドライバーはこれまで、本踏切を南側から北側に横断した経験がなく、道路事情に精通していなかったことも背景にあったとされる。

本踏切には、踏切事故を未然に防ぐ装置があったものの、有効に機能あるいは活用されなかった。すなわち、トラックの後部が障害物検知装置により検知されなかった。トラックの後部には傾斜があり、検知装置が発する光線の高さより低い位置にあったため検知されなかったものと推定されている。加えて、接近する列車に異常を知らせる、特殊信号発光機に連動した非常ボタンが使われていなかった。報告書によると、ドライバーは一刻も早く踏切からトラックを脱出させたいという思いが強く、非常ボタンの使用には思いが至らなかったとされている。

事故発生後、本踏切では幾つかの対策が採られた。この地域には工場が多く、以前より大型車の通行が頻繁であり、本踏切は渋滞の要因となっていた。そのため警察は、大型車両等について本踏切の南側から北側への通行を終日禁止とした（写真Ⅲ―2）。また、道路管理者は、「踏切進入注意」と書かれた看板（写真Ⅲ―3）を設置し、踏切から交差点までの道路面を赤色に舗装した。さらに、踏切付近には駐停車禁止のゼブラゾーンを設けた。一方、鉄道事業者は、遮断桿に踏切からの脱出方法が書かれた標識を設置した。

③同種事故

二〇一三年には、ＪＲ九州佐世保線・高橋駅の新堀県道踏切（第1種踏切、単線区間）においても同種の事故が発生している。鉄板を積載した大型トレーラー（鉄板を積んだ状態で全長約17メートル）が踏切に進入し、積載していた鉄板と下り普通電車（2両編成、乗車66名）が衝突した事故である。本踏切の遮断桿から交差点までの距離は約14・5メートルで、踏切通過後に一時停止したトレーラーの積み荷の一部が電車と衝突した事故だった。この事故では、電車の脱線は発生しなかったものの、乗客10名が負傷した。

運輸安全委員会の報告書によると、トレーラーのドライバーは、信号待ちをしている最中、今後のルートに意識を集中させたため、トレーラーの一部が踏切内に残っていることに気付かなかったとされている。また、トレーラーに積荷されていた鉄板は薄く、運転士は50メートルくらい手前から線路上に線状のようなものがあるように見えたが、直前まで鉄板に気付かなかった。本踏切には障害物検知装置が設置されていたが、検知されなかった。

事故発生後、道路面は赤色に舗装されるとともに、「踏切進入注意」と表記された。また、踏切手前の道路左脇には注意喚起看板が設置された。

4　踏切の安全対策

◇一九五〇年代の対策

踏切事故が増加するようになったのは、すでに述べたように、モータリゼーションが本格化するようになった一九五〇年代からである。そこで運輸省、警察庁、建設省主催のもと、通行者に対しての交通道徳の高揚と交通安全思想の普及とを目的に、一九五一年の秋から「全国踏切安全運動」が実施されるようになった。加えて、踏切事故の防止には、一般通行者の交通道徳も大事であるが、踏切係員のモチベーションの維持も重要であることから、優良な踏切係員に対する大臣表彰制度が設けられた。

国鉄では、一九五六年に本社に踏切対策委員会が設置され、列車前照灯の照明強化や自動踏切遮断機の採用、踏切係員の待遇改善、一九五七年より実施の「緊急踏切整備3か年計画」などが検討された。3か年計画には、約22億円の予算枠で主に警報機や自動遮断機の設置、踏切道の拡幅や舗装といった構造改良が盛り込まれ、さらにこれとは別枠で立体交差化費用として17億円が計上された。

ところが、このような重層的な対策を講じたにも関わらず、一九五〇年代後半には踏切事故はますます深刻な事態となっていった。そこで一九六〇年には道路交通法（法律第105号）が施行され、同法33条で踏切横断前の一時停止および安全確認が義務付けられた。これまでも、一九二〇年の道路取締令（内務省令第45号）や一九四七年の道路交通取締法（法律第130号）において、踏切での一時停止が定められていたが、義務付けられたものではなかった。道路交通法による一時停止と安全確認の義務付けは、踏切の安全を向上させる上で有効な措置であった。

◆踏切道改良促進法の制定

踏切の保安度向上に寄与する施策には、立体交差化、構造改良および踏切保安対策のほか、踏切の統廃合や車両通行禁止といった交通規制などが挙げられる。一九六一年に、踏切道改良促進法（法律第195号）が制定され、5年間で改良を行う必要のある踏切を指定し、その改良方法が定められた。これまで、踏切の立体交差化や構造改良などは、道路管理者との協議に委任されており、施工が難航しがちであった。同法の制定は、踏切の改良や立体交差化の促進を促す大きな契機となった。

国鉄では、一九六一年より約３３０億円の予算で「踏切改良5か年計画」が策定され、その後の長期計画の中にも多額の踏切対策費が盛り込まれた。一方、民鉄では、同年より「大手民鉄輸送力増強等投資計画」が策定され、そのうち一九六一〜六三年度までの高架化および踏切改良等には50億円が投資された。そして、その後も3〜5年おきに計画が見直され、投資額も増額されていった。

こうした関係者の取り組みによって、立体交差化や踏切の統廃合が進むにつれ、一九六〇年代の半ばから踏切の数そのものが減少していった。一方で、警報機あるいは自動遮断機が設置された保安度の高い踏切の数は増加していった。

◇一九六〇年代前半の対策

踏切事故件数が減少をみせるようになった一九六〇年代前半に、前述のとおり国鉄の複線区間において列車同士の衝突を伴う大惨事が相次いで発生した。

まず、一九六二年八月に南武線の踏切事故が発生した。この事故では3名が亡くなり１９７名が負傷した。この事故を重くみた運輸省は、事故直後に「踏切保安設備整備計画要綱」を発出し、踏切の安全対策の一層の強化を打ち出した。この事故はまた、踏切廃止の重要性が認識された事故で、これを契機に踏切のない鉄道の建設が行われるようになった。次に、翌年の一九六三年九月には、鹿児島本線で踏切事故が発生した（死者8名、負傷者１５４名）。この事故が教訓となって、複線区間の第1種自動踏切および第3種踏切に踏切照明設備や非常ボタン、特殊信号発光機などが設置されるようになった。

踏切事故の防止は鉄道事業者の自助努力に限らず、地域の協力も欠かせない。そのため、踏切事故防止に関する啓発や宣伝、きめ細かい踏切環境の改善整備を図るため、一九五六年より全国の各府県単位に踏切事故防止対策協議会が設置された。一九六一年には、新しく結成された25地区と既に結成された地区との活発な協議会が開催され、成果を上げた。また、一九六二年より踏切係員のいない無人踏切の近隣に居住する住民を踏切防護協力員に指定し、駅への連絡や列車の緊急停止手配などの協力を依頼した。これにより、一九六五年度末までに約250件もの踏切事故を未然に防止することができたとされる。

◇一九六〇年代後半以降の対策

一九六〇年代後半に入ると、学童が被害者となる交通事故が増加した。また、一九六七年四月に発生した南海電鉄の踏切事故では、電車運転士が自分の長男を運転室に乗せて運転を行っていた上、非常ブレーキをかけたあと、その子を抱いて運転室から脱出したことで強い社会的批判を浴びた。これらを受けて、同年七月に、「通学路に係る交通安全施設等の整備及び踏切道の構造改良に関する緊急措置法」が制定された。これにより、一九六七年度から1年かけて、緊急に踏切の舗装や幅員の改良、保安装置の整備が進められた。また、踏切の構造改良や保安装置の整備、統廃合、車両の通行規制などの推進を図る目的で踏切道改善促進協議会が設立され、一九六七年には踏切の一斉点検が行われた。

さらに、一九七〇年一〇月に発生した東武鉄道の踏切事故を受け、その直後に政府の交通対策本部は「ダンプカーによる重大事故および踏切道の緊急保安対策について」を決定した。これにより、ダンプカー事業者の協業化等の促進や運搬に際しての安全対策の確立、取締りの強化などが図られた。

一九七一年三月に発生した富士急行の踏切事故では、トラックとの衝突の際にブレーキが破損したことが原因であったため、鉄道車両のブレーキ（制動）装置の改善や対策を検討する目的で、一九七一年より運輸省や国鉄をはじめ複数の組織で構成された「鉄道車両制動装置改善検討委員会」が新設された。これを契機に、車両の改良整備が推進されることになった。

以上のとおり、一九六〇年代に発生した重大事故を受け、踏切の安全に関する様々な法律の制定や安全対策が講じられていった。また一九七一年には、踏切通行の安全と事故防止の推進を図る目的で、踏切事故防止総合対策（現在は、交通安全基本計画と統合）が策定された。こうして踏切の安全対策の骨格は、一九七〇年代初頭までにでそろい、その後は、5ヵ年毎に実施される踏切道改良促進法や踏切事故防止総合対策に基づき、踏切道の整備が継続的に実施され、今日に至っている。

これらの施策により、踏切事故は一九九〇年代半ばまでに大きく減少したが、現在でもなお年間200件程度の事故が発生している。そのため、踏切のさらなる安全性向上に向け、既述のとおり通行者やドライバーの心理面を配慮した踏切動作時間の短縮や、歩行者通行帯の拡幅や歩道橋の設置などが取り組まれている。今後は、高齢化が進む現状を見据え、高齢者が安心して横断できるよう、踏切の安全対策のさらなる充実が望まれる。

【参考文献】

足立区・東武鉄道株式会社（二〇一二年）「東武伊勢崎線（竹ノ塚駅付近）連続立体交差事業の概要」
足立区「あだち広報」
足立区議会「足立区議会だより」
航空・鉄道事故調査委員会「鉄道事故調査報告書　名古屋鉄道株式会社　名古屋本線　奥田駅～大里駅間　列車脱線事故」（二〇〇五年）
交通協力会『交通年鑑』各年版
信号保安協会『鉄道信号発達史』（一九八〇年）
東武鉄道株式会社「竹ノ塚踏切事故に関する安全対策の推進について」（二〇〇五年）
東武鉄道株式会社『東武鉄道百年史』（一九九八年）
日本国有鉄道『日本国有鉄道百年史』（一九六九～一九七四年）
日本国有鉄道『鉄道要覧』各年版
日本鉄道運転協会『重大運転事故記録・資料　追補』日本鉄道運転協会（二〇〇九年）
萩原昭樹・福田美津子『国有鉄道　鉄道統計累年表』交通統計研究所（一九九五年）

IV

介護ができない
——JR 東海認知症事故

銭場裕司（毎日新聞）

うなりをあげて新快速列車が通り過ぎて行った。

◇介護現場に激震

ある男性が91年に及ぶ人生を終えた線路が、わたしの目の前にある。

ＪＲ東海道線共和駅。名古屋市の南に隣接する愛知県大府《おおぶ》市にあり、名古屋駅まで7駅、およそ20分でつながる。男性は二〇〇七年一二月、共和駅構内にある線路で列車にはねられて即死した。重い認知症があり、危ない場所と分からず線路に立ち入ったとみられている。

本人、家族、列車を運行していたＪＲ東海、誰も望まない、事故による最期だった。

約５年半後の二〇一三年八月、事故は全国から大きな注目を集めることになる。「男性から目を離さずに見守ることを怠った責任がある」。男性の家族に対して、名古屋地裁が約７２０万円の損害賠償を命じる判決を言い渡したためだ。事故後、ＪＲ東海はダイヤの乱れで生じた振り替え輸送費や人件費などの支払いを求めて提訴していた。約７２０万円はＪＲの請求全額にあたる。

大正生まれで九一歳だった男性が、介護を必要としていた度合いは、5段階のうち2番目に重い「要介護４」。認知症の症状は進んでいたものの、家族の支えを受けて、住み慣れた自宅で穏やかな暮らしを続けていた。ひとりで外出して行方が分からなくなったのは、長年にわたり介護してきた妻がうたた寝したわずかな間のことだ。判決は、当時八五歳で自分も「要介護１」の認定を受けていた妻と、他県で暮らす長男の責任を認めて賠償を命じている。

介護に携わる全国の家族団体や施設関係者から、驚きと不安の声が次々上がる。

「24時間見守ることは不可能だ。裁判官は介護の実態をまったく分かっていない」

「家族が重い責任を問われるようになれば、本人を閉じ込める動きがうまれてしまう」

判決が介護現場を崩壊しかねない――。そんな危機感が広がった。

認知症の人がひとりで外出して行方不明になることは、以前から各地で起きていた。自動車にはねられたり、疲労や屋外の寒さで衰弱したりして、亡くなるケースもあった。こうした人たちは、災難に見舞われた「被害者」として受け止められることはあっても、社会から「加害者」と見られることはほとんどなかったのではないか。共和駅で亡くなった男性は、提訴によって、列車の運行を妨げて鉄道会社に損害を与えた「加害者」と位置づけられた。

１審判決は、男性本人に責任能力はなかったと判断したものの、家族の監督責任を認めて損害賠償を命じている。理由付けや賠償金額は変更されたが、控訴を受けて審理された２審・名古屋高裁判決（二〇一四年四月）も家族の監督責任を認めている。

２審判決の内容を不服とする家族とＪＲの双方が上告して、裁判は最高裁に舞台を移している。「認知症の人のこれからの介護に大きな影響を与える」と、切実な思いで司法の最終判断に注目し

男性が死亡したＪＲ共和駅。男性は階段（左）を降りて、線路に入ったとみられている。筆者撮影

ている人たちは多い。
泉下の客となった男性は、裁判を提起したＪＲや賠償請求を受けた家族、そして、判決を巡るさまざまな社会の反応をどのような思いで見つめているだろうか。

◇お金も切符もないのに……

事故は二〇〇七年一二月七日午後5時47分ごろ発生した。共和駅を通過しようとした豊橋発米原行きの下り新快速列車（乗客約660人）が、列車から見て奥側のホーム端から十数メートル先の線路上に立っていた男性をはねた。運転士がかけた非常ブレーキは間に合わなかった。

男性は午後4時半ごろ、デイサービスを終えて大府市にある自宅に帰り、自宅に併設され、廊下でつながっている旧事務所（男性は長年自営業だった）でくつろいでいた。２審判決によると、妻がうたた寝するなどして家族が男性の動きに対応できなかったのは、午後４時50分から午後５時ごろまでの約10分間。この間にひとりで外に出てしまった。

事務所から事故現場までは３キロほどある。男性はとぼとぼと歩く感じで、遅いスピードでしか前に進めない。外出（午後４時50分～同５時）から事故発生時刻（同５時47分）までのおよそ50分～1時間の間に、歩いてたどり着ける距離ではなかった。

事故当時、男性は財布やお金を持っていなかった。運転手が行き先を尋ねるなどのやり取りが必要になるタクシーを使って、現場周辺まで行った可能性は考えにくい。現場周辺の道路から線路に入るにも、柵や溝を乗り越える必要があり、高齢の男性には非常に難しいだろう。

２審判決は、男性が電車を使って事故現場までたどり着いた、と推認している。

事務所から外に出る→最寄りにあるＪＲ大府駅から電車に乗る→隣の共和駅で降りる→同駅プラットホーム先端にあるフェンス扉を開けて階段でホーム下に降りる→線路に入る、というルートだ。

この足取りを徒歩と電車でたどってみた。

自宅と事務所前の歩道はきれいに整備され、道幅も広く歩きやすい。男性が外出したのは学生やサラリーマンなどの帰宅時間に近く、駅に向かう人の流れに乗ってしまった可能性がある。

どうやって大府駅に入ったのだろうか。２審判決は、お金や切符を持っていなかった男性が、体の向きを変えながら1本ずつ足を通過させる方法で自動改札の扉の間を通ったり、自動改札を通過する人混みの間に挟まれたりして改札を通過することや、駅員の監視が十分でない場合は改札室前の通路を通ることは不可能ではなかったと判断している。認知症の人が行方不明になる事案では、お金がないのに列車などに乗るケースも起きているため、判決の見立てに違和感はない。

大府駅から隣の共和駅までは電車で3〜4分。到着した共和駅のプラットホームは南北にかなり長く、ホーム先の事故現場に近付くほど、電車を待つ利用客らの姿はなくなる。ホーム先端に設置されているさほど背が高くない柵にフェンス扉があり、扉のすぐ奥にホーム下に降りるコンクリート製の8段の階段が続いていた。階段を降りれば、線路はすぐそばにある。現在のフェンス扉は、自転車の盗難防止などに使われるダイヤル式の鍵がかかっているが、事故当時こうした鍵はなく、回転式の取っ手をひねるだけで扉を開けられた。

男性はフェンス扉を開けて階段を降り、砕石の上を十数㍍ほど進んだところにあった線路で、事故に遭ったと推測されている。ズボンのチャックが開いており、2審判決は排尿をしようとしてホーム下に降りたとみている。汽笛を鳴らされても列車の方を向いて立ったまま、逃げることはなかった。身に迫る危機を認識できなかったのだろう。

事務所から事故現場の線路に至るには、階段を使わなければならなかった。男性はゆっくりとしか歩けないため、改札の通過や電車の乗り降りにも時間がかかったはずだ。駅員や近くにいた乗客がなんらかの異変を感じ取っていれば……。残念な思いがこみ上げてくる。事故当時、日はすでに暮れていた。プラットホームに立つと、灯りが乏しい暗闇に向かって歩き、線路に続く階段を降りていった九一歳の小さな背中が目に浮かんで、胸が苦しくなった。

◇「何ら連絡をいただけず」

事故があった時、横浜市に住む男性の長男（六四歳）は、勤務する都内の会社にいた。携帯電話に出ると、実家のそばに引っ越して、父親の介護を手伝ってくれている妻からだった。泣き叫び、ほとんど何を言っているか分からない。

なんとか落ち着かせて話を聞くと、気付かないうちに外出してしまった父が共和駅の線路で事故に遭った可能性が高いことが分かった。万が一に備えて父のジャンパーや帽子に、妻の電話番号を縫い付けていた。その電話番号を頼りに警察が「事故に遭ったのはお宅のお父さんじゃないか」と知らせてきたのだ。

新幹線に飛び乗った。父親と対面したのは東海警察署（愛知県東海市）だ。事故で死亡した人が、父親本人かどうか確認しなければならなかった。

明るい性格で、よく冗談を言っていた父。たたかれたことは一度もない。自分は仕事で地元を離れてしまったが、「早くこっちに帰って来い」といつも気にして声をかけてくれた。

まさか、こんなかたちで、別れが訪れるとは。長男は、こらえきれず泣いた。

ただ、重く沈んだ気持ちがほんの少し救われるような出来事もあった。「ＪＲの運転士が『事故になってしまって申し訳ない』と話していた」と警察官から聞いたことだ。長いサラリーマン生活では、事故のために電車が遅れて困った経験もある。「たくさんの人に迷惑をかけてしまった」。父を突然失った悲しみの一方で、そんな申し訳なさも感じていた。しかし、事故から約半年になる二〇〇八年五月、生活が落ち着きを取り戻しかけていたところ、ＪＲ東海から届いた封書で事態は大きく変わることになる。

●●様ご遺族様

突然のお手紙をお許し下さい。

平成19年12月7日に弊社管内東海道線共和駅構内に人が立入り、快速列車に衝撃し列車が遅れるという事故が発生いたしました。

事故原因を調査したところ、●●様が衝撃されたものと認められます。

謹んでお悔やみ申し上げます。

本件により弊社に別紙の通り損害が発生しておりますが、これまでに関係者の方より何ら連絡をいただけず今日に至っております。

今後の進め方などについて、ご遺族様と一度お話させていただきたいと存じますので、下記連絡先に電話をいただけないでしょうか。

よろしくお願いいたします。

〈※編注　●●は死亡した男性の氏名。●●以外は原文ママ〉

封筒には「配達記録」のスタンプがあった。送り主が配達状況を確認できるタイプの郵便であり、長男は攻撃的なものを感じた。手紙を読み進めると「何ら連絡をいただけず」との書きぶりに引っかかりを覚えた。「この手紙は遺族の気持ちを無視しているのでは」。そもそも列車事故の遺族は、自ら問い合わせるべきものなのか、損害を負担するものなのか、どこにいくら支払わねばならないのか……、いくつもの疑問が頭に浮かんだ。封筒に入っていた別の紙を開くと「損害額一覧表」とある。21項目の内容と金額が羅列されていた。

名古屋駅　　衝撃事故に伴う旅客対応に係る人件費
75名、延べ１２６時間８分　　３９３５６９円
名古屋保線区　　衝撃事故に伴う現地対応に係る人件費
10名、延べ28時間25分　　９４６１９円

大垣運輸区　衝撃事故に伴う列車遅延に係る人件費
32名、延べ44時間8分　１６４８３０円
名鉄線振替乗車　名鉄線振替乗車に係る費用
２１９４８名　５３４３３３５円

末尾にあった「合計7，197，740円」（719万7740円）という金額が目に飛び込んできた。のちに民事裁判で損害賠償請求される金額だ。21項目の内訳では、乗客の名古屋鉄道への振り替え乗車にかかった約534万円が最も大きな割合を占めていた。

長男は、認知症だった父親がいったいどのようなルートで線路に入ったのか、との疑問を抱えたままでいた。「事故は防げなかったのか」という遺族として当然の思いからだ。封書を開ける前は、この手紙で答えに近付けるかもしれないという期待がかすかにあった。その思いは、あっけなく打ち砕かれた。

地元新聞社は、死亡した父親が認知症だったことを報じている。ＪＲの担当者もこの記事を目にしているに違いない。

「父は多くの乗客に迷惑をかけることを承知で、鉄道を利用したわけではない。そのことはＪＲ

も分かっているはずなのに、なぜ」

悲しみとともに怒りがこみ上げてきたという。

◆長男の妻も支援

1審判決で事故を知ってから、わたしは長男と定期的に会って取材を重ねている。

「最初の手紙の文言が違っていれば……」「ＪＲの担当者が線香1本でもあげに来てくれていれば……」。そのような思いを何度も聞いた。家族に対する初期の対応が違っていれば、その後の展開はまるで変わっていたかもしれない。ＪＲにとっても、弁護士費用をかけてまで裁判に臨むことは本来避けたかったのではないか。封書を受け取った後、家族側は知り合いの弁護士に相談し、男性が認知症だったことを理解してもらうためにかかりつけ医の診断書を送っている。これに対してＪＲ側は、診断書作成日が事故後6カ月経ったものであることや、認知症専門医が作成したものではないことを指摘して、内容に疑問を呈した。その後の裁判でも男性に責任能力があったと主張している。

長男は、ＪＲ側の対応を「日本を代表する企業の主張とは思えない。難癖に近い」と感じた。損害金の請求を受けるまで医師の診断書を取得していないのは当たり前のことであり、専門医を受診している認知症の人はそもそも全体の一部に過ぎない、ためだ。話し合いによる解決は難しく、二〇〇九年一一月にＪＲ側が死亡した男性の妻が住む自宅の土地について仮差し押さえを申し立てたことで、法廷闘争は避けられないものになった。

ＪＲ東海は事故後の対応について、裁判での主張や毎日新聞の取材に対する回答で、「第三者の行為によって列車の遅れなどの損害が発生した場合は、法令に則り適切に対処すべきという考えから、責任の所在や事実関係を十分に調査のうえ、明確に因果関係が説明できるものについてのみ損害賠償請求を行っている。死亡事故等の場合、遺族から連絡があり、損害額の確認や支払い方法について協議することが通常である」などと説明している。男性の事故に関しては「損害額も無視できない金額であることから、熟慮を重ねた結果、提訴に至った」という。


男性の症状と介護体制を振り返りたい。

1審判決などによると、男性は八四歳となった二〇〇〇年一二月ごろ、食事をした後に「食事はまだか」と言い出したり、朝、昼、晩の区別が付かなくなったりして、認知症の症状がみられるようになる。〇二年になると晩酌したことを忘れて二度、三度と飲酒することもあった。当時、同居していたのは男性の妻のみ。十分な介護が難しくなったため、長男の妻が横浜市から男性の自宅近くに引っ越して手伝うようになった。長男の妻は毎日、男性宅に通って介護や家事を担い、泊まることもあった。妻を送り出した長男も月に1～2回程度、週末に時間を作って実家に帰っていた。

男性は〇二年八～九月に右腕の骨折が引き起こした慢性心不全の悪化で、入院している。入院中、自分が入院していることを理解できず、ベッドから無理矢理におりようとしたり、見舞いに来た人の顔と名前が一致しなかったりするなど、認知症の悪化がみられた。〇三年ごろには自分の妻を母親と勘違いするなどさらに症状は進んだ。「生まれ育った故郷に帰る」と言い出した男性のために、長男の妻が本人の気が済むまで一緒に付き添って歩いたこともあった。要介護4の認定は〇七年二月に受けている。

ひとりで外出して行方が分からなくなったことは2度あった。最初は〇五年八月の早朝。歩いて20分ほどの場所にあるコンビニエンスストアの店長からの連絡で見つかった。〇六年一二月の深夜は、ひとりで外出してタクシーに乗ったが、認知症に気付いた運転手が男性を降ろし、その場所にあったコンビニ店長の通報で保護された。この後、家族は警察にあらかじめ連絡先などを伝えて、電話番号を書いた布を上着や帽子、靴に縫い付けた。男性が外に出てしまった自宅玄関にセンサーを取り付ける対応も取り、玄関から出ようとすると妻の枕元でチャイムが鳴るようにしていた。

事故当時、男性は午前9時から午後4時ごろまでデイサービスに週6回通っていた。長男の妻が朝に男性を起こして着替えや食事をさせて送り出し、帰宅後も就寝まで介護を手伝う生活が続いた。〇六年に要介護1の認定を受けた男性の妻も夫を見守り続けた。さらに、長男が月に3回ほど週末を利用して帰省し、介護の資格や実務経験がある三女も月2回ほど実家を訪れていた。

事故が起きた二〇〇七年一二月七日も男性は普段通り、午後4時半ごろにデイサービスの送迎車で帰宅した。その後、事務所の椅子に腰掛け、妻や長男の妻とともにミカンを食べてお茶を飲んでくつろいでいた。そこには、いつもと変わらない、穏やかな時間があった。

しかし、長男の妻が掃除のためにその場所を離れ、男性の妻がうたた寝している間に、男性は事務所のガラス扉からひとりで外出してしまった。長男の妻らがすぐに捜したが、見つけることはできなかった。

◇別居でも監督責任

ＪＲ東海が提訴したのは、男性の妻と、長男、二男、二女、三女の子ども4人の計5人。長女はすでに死亡しており、男性の遺産を相続した家族全員を相手取り裁判を起こしたことになる。1審判決は、このうち男性の妻と長男の2人について責任を認め、約720万円の支払いを命じている。ＪＲ側にとって完勝といえる内容だった。

1審判決は、横浜市に別居している長男について、家族会議を主催して男性の介護方針を決めていた、などと指摘して「男性の事実上の監督者にあたる」と認定した。そのうえで、事務所の出入りを知らせるセンサーの電源が切られていたことに加え、民間のヘルパーを依頼するなどの措置を取らなかったとして、監督義務を怠った責任を認めている。事務所のセンサーは、自営業をやっている時に来客を把握するために設置したものだった。「男性の妻と長男の妻の見守りを中心とする介護体制では、男性の外出を防ぐのは困難であり、長男らが適切な介護をできていたとはいえない」とまで判決は言及している。

■損害賠償や責任能力を巡る民法の主な条文

（不法行為による損害賠償）
７０９条　故意又は過失によって他人の権利又は法律上保護される利益を侵害した者は、これによって生じた損害を賠償する責任を負う。

（責任能力）
７１２条　未成年者は、他人に損害を加えた場合において、自己の行為の責任を弁識するに足りる知能を備えていなかったときは、その行為について賠償の責任を負わない。

７１３条　精神上の障害により自己の行為の責任を弁識する能力を欠く状態にある間に他人に損害を加えた者は、その賠償の責任を負わない。ただし、故意又は過失によって一時的にその状態を招いたときは、この限りでない。

（責任無能力者の監督義務者等の責任）
７１４条　前２条の規定により責任無能力者がその責任を負わない場合において、その責任無能力者を監督する法定の義務を負う者は、その責任無能力者が第三者に加えた損害を賠償する責任を負う。ただし、監督義務者がその義務を怠らなかったとき、又はその義務を怠らなくても損害が生ずべきであったときは、この限りでない。
　２　監督義務者に代わって責任無能力者を監督する者も、前項の責任を負う。

男性の妻については、過去に男性が２度行方不明になったことがある経緯や事務所のセンサーが切られていたことなどから、「２人だけでいるときに目を離せば、今回の事故のように線路に侵入したり、道路に飛び出して交通事故を引き起こしたりするなど、第三者の権利を侵害する可能性があることを予見できた」と指摘した。「２人だけになった時にまどろんで目をつむり、男性から目を離さずに見守ることを怠った過失がある」として責任を認めている。

この裁判は、民法の規定に照らして、本人や家族が損害賠償責任を負わなければならないかが争われた。ポイントになったのが、民法７０９条、７１４条のふたつの条文だ。

７０９条は、故意や過失で、つまり、わざとやつういうっかりして、誰かに損害を与えた人はその賠償責任を負うことを定めている。ただ、自分がやったことの責任を理解できない人は賠償責任を負わない規定が別の条文にある。「責任無能力者」と呼ばれ、まだ知能が備わっていない未成年者や、精神障害によって責任を理解できない状態にあった人が該当する。

こうした規定がある一方、損害を受けた者の被害を回復するために、714条は責任無能力者による損害であっても、監督義務者が本人に代わって賠償責任を負うことを定めている。細かく分けると、法的な義務がある「法定監督義務者」と、これに代わる「代理監督義務者」が責任を負うとされている。前者は未成年者の親や、精神保健福祉法（二〇一三年法改正以前）上の保護者、後者は施設や病院などがそれぞれ該当すると言われている。

1審判決が各地の介護関係者や介護家族に大きな衝撃を持って受け止められた理由は二つある。一つ目は、男性の長男を「事実上の監督者」と認定したことだ。714条の代理監督義務者などに事実上当てはまるという判断だった。

判決はまず「認知症の程度は重く、事故当時、責任能力は認められない」として、男性が賠償責任を負わないことを認めている。

その上で、長男が▽家族会議を主催して介護方針や体制を決めていた▽妻を実家近くに引っ越しさせて毎日介護させていた▽認知症発症後は重要な財産の処分や方針を決める立場を事実上引き継がれていた――などの理由を挙げて、長男を「事実上の監督者」とした。しかし、長年別居して本人の身の周りの世話をしていない子どもを「事実上の監督者」に当たるとして責任を認めた司法判断は、異例のものだ。判決は、こうした理由で長男の責任を認める一方、二男、二女、三女については、介護方針決定や介護参加の度合いが低かったことを理由に責任を認めなかった。

「介護に関われば関わるほど重い責任を問われるのであれば、介護現場は崩壊する」という不安の声が各地から上がった理由はここにある。長男の妻が献身的に介護を手助けしていたことが、裁判では「あだになった」と表現する人もいた。

1審判決が波紋を呼んだもう一つの理由は、高齢の妻にも責任を認めたことだ。

男性の妻は当時八五歳で、二〇〇六年一月に要介護1の認定を受けた。両足に麻痺などがあり、歩行や立ち上がりは何かにつかまればできるような状態。日常の意思決定は特別な場合以外はできるが、ひどい物忘れが時々あった。

「高齢で自分も要介護認定を受けていた妻が、夫の外出を止めることは不可能に近い。目を離したのは最大6、7分程度のわずかな時間で、過失とは言えない」。家族側は妻の対応に問題がなかったことを裁判で強調していた。

これに対して1審判決は「自分で男性の外出を止められないとしても、長男の妻に伝えることは容易にできた。男性の介護体制は常に目を離さないことが前提になっていたので、目を離したことはその前提に反する」と指摘。注意義務を怠った妻に「過失」があったとして709条の責任を認めている。「24時間の見守りは無理」「責任が重すぎる」として判決に対する強い疑問の声が上がったことは、すでに説明した通りである。

一方、事故を防げなかったJR側の責任も争点になった。家族側は、切符を持たなかった男性を大府駅の改札で通過させ、共和駅ホーム先端のフェンス扉に鍵をかけずに誰でもホーム下に降りられるようにしていた責任を主張した。1審判決は、「そもそもどのようにして事故現場に至ったのか分からない。人が線路に入れないような侵入防止措置をあまねく講じることを求めるのは不可能を強いるもので、JR側に注意義務違反は認められない」と退けている。

◇閉じ込めは本人を不穏に

「判決は、父を完全に何も分からなくなった、何をしでかすか分からない危ない存在としか見ていない。認知症になっても穏やかな性格のままで、残った力を使って平穏な生活を送っていた。決して人様に危害を与える存在ではなかった」

思わぬ判決にショックを受けた男性の長男は、そう悔しさをにじませた。

長男によると、父親は認知症になった後も、かつて自営業の仕事場として使っていた事務所で、座り心地の良いお気に入りのソファに腰掛け、古い写真アルバムやプロレス番組のビデオを眺めるのが好きだった。事務所出入り口はガラス扉で、外の歩道から事務所内が見える。通りを歩いている知り合いから声をかけられ、楽しそうに会話を交わすこともあった。

深夜や早朝に父が自宅玄関からひとりで外出してしまったことがあった後、外出を察知できるようにセンサーを玄関に設置した（夜間の事務所ガラス扉は、以前からシャッターを下ろして施錠していた）。それから事故が起きた日までは、自宅周辺を離れて父がひとりでどこかに行ってしまったことはない。ガラス扉から外に出て、すぐそばにある街路樹に水をやったり、歩道のごみ拾いや草取りをしたりすることは日常的にあったが、必ず戻ってきていた。

事故当時は以前より外出願望が薄れていた。加えて、遠くに行きたがる時はシグナルもあった。まずかばんを探して、家族からかばんを受け取り、行き先を告げるなどのやり取りだ。このため気付かないうちに、遠くに出かけてしまうことはなかった。

事務所ガラス扉にあったセンサーは、営業当時、来客を把握するために付けたものだ。電源を入れれば、出入りが頻繁にある父親自身だけでなく、飼っていた犬や他の家族にも反応してしまう。アラームがしょっちゅう鳴れば、父は働いていた当時に気分が戻り、緊張してしまう。電源を入れなかったのは、父が不穏になることを避けるためだった。

2度の行方不明事案後、自宅玄関のセンサー設置に加えて、門扉と建物の間から外に出られないように波トタンですき間をふさぎ、門扉に南京錠で鍵をかけたこともある。父はいらだって門扉を激しくゆすり、足をかけて乗り越えようとした。閉じ込めることはかえって危険を招くと感じた。1審判決は、在宅介護を続けるならば民間ヘルパーを依頼することも考えられたと指摘した。ヘルパーを依頼したことはある。見知らぬ人が家にいると父は混乱して「家に帰りたい」とかえって外に出たがった。

家族は、男性に穏やかに暮らしてもらおうと、試行錯誤しながらベストの介護を模索していた。判決が、取り得た予防策として示した内容は、男性の心を乱して、介護の質を下げるものだ。本人の幸せと尊厳を懸命に考えながら在宅介護を続けたことに、長男は「悔いはない」と言い切る。

1審判決の内容は、驚きを持って社会に受け止められ、各メディアが大きく報じることになる。新聞や雑誌には次のような見出しが並んだ。

「遺族に賠償命令　波紋呼ぶ」「認知症男性、電車にはねられJR遅延」「地裁『見守り怠る』」「男性の移動経路不明」「閉じ込めにつながる／社会的支援の視点欠落」（東京新聞二〇一三年八月二九日朝刊）

「家族の責任どこまで」「徘徊中、線路に…遺族に賠償命令」「妻がまどろんだ一瞬」「判決『見守

り怠った』」「『補償の仕組み必要』」「無施錠の施設、落胆」（朝日新聞同年九月二七日朝刊）
「損害賠償命令で波紋」「認知症の人の列車事故」「24時間の見守りは不可能」「新たなシステムづくり必要」（産経新聞同年一一月七日朝刊）
「裁判所よ、認知症の老人はベッドに縛り付けておけというのか」（週刊現代同年一〇月一九日号）

介護家族らでつくる全国組織も意見を表明した。公益社団法人「認知症の人と家族の会」は1審判決が出た年の一二月、「家族に責任を押しつけた判決は取り消すべき」との見解を出している。「判決に驚きと怒りを覚えた。24時間、一瞬の隙もなく見守ることは不可能で、それでも徘徊を防げと言われれば、柱にくくりつけるか、鍵の掛かる部屋に閉じ込めるしかない。判決は認知症の人の実態をまったく理解していない」

「社会で認知症の人を支えようという時代に、認知症への誤解を招き介護する家族の意欲を消滅させる、時代遅れで非情なものと言わざるを得ない」などと判決に対する厳しい意見が続く。「認知症であるがゆえの固有の行動から生じた被害や損害については、家族の責任にしてはいけないというのが私たちの考え方だが、その被害等は何らかの方法で賠償されるべきだ。公的な賠償制度の検討がされるように提案する」として問題解決に向けた提言も盛り込んだ。家族の会は2審判決後も社会的な救済制度を求める見解を表明している。ただ、この声に答える国や関係機関の動きは、いまのところ見えない。

◆賠償請求しない鉄道事業者も

1審判決当時、わたしは毎日新聞東京本社の特別報道グループという部署に所属して、「老いてさまよう」というタイトルの記事で認知症などのお年寄りが行き場をなくしている問題を新聞で紹介していた。認知症の人を巡る列車事故の判決には大きな関心を持った。しかし、認知症の人が当事者になった列車事故がそもそもどれだけ起きているか、他の鉄道事業者もJR東海と同じように遺族に賠償請求しているかどうか、など、列車事故の全体像を誰も把握していないことに気付いた。国にそうしたデータはなかった。認知症の人を巡る事故と賠償の議論を前に進めて問題を解決するには、まずは実態を明らかにする必要がある。そう考えて取材班の山田泰蔵、松下英志両記者と手分けして、全国の事故遺族を取材することにした。

取材を進める中で、各鉄道事業者が提出した事故届を国が一覧表にまとめた「運転事故等整理表」と呼ばれる資料があることを知った。国土交通省への情報公開請求で整理表を入手して、「認知症」という言葉が介護保険法改正で取り入れられた二〇〇五年度以降の事例を調べることにした。さらに、認知症の人がかかわったとみられる列車事故の記事や警察発表の内容などをあわせて、事故の全体像をまとめた。

表Ⅳ－１　認知症の人の事故と鉄道会社の対応例

事故年月	鉄道会社	遺族への請求額	運休本数	影響人員
2005・12	名鉄	80万円	12本	5,000人
2007・12	ＪＲ東海	720万円	34本	2万7,400人
2009・5	ＪＲ九州	請求なし	6本	1,200人
2009・11	南海	請求なし	34本	9万3,000人
2010・9	ＪＲ東日本	請求なし	8本	1,900人
2011・1	ＪＲ西日本	請求なし	30本	1万7,000人
2011・6	東武	16万円	6本	3,900人
2011・7	ＪＲ北海道	請求なし	37本	1万　500人
2012・3	東武	137万円	52本	2万1,000人
2013・1	近鉄	80万円	33本	1万5,000人

※いずれも遺族や関係者への取材による。請求額と影響人員は概数。
ＪＲ東海の事故は、同社が遺族に賠償を求めて提訴し係争中

記事を毎日新聞の朝刊1面に掲載したのは二〇一四年一月一二日だ。「認知症またはその疑いのある人が列車にはねられるなどした鉄道事故が、一二年度までの8年間で少なくとも149件あり、115人が死亡していたことが分かった」と報じた。しかし、鉄道事業者が事故の当事者が認知症であることを把握していないケースもありえるため、実際の件数はさらに膨らむ可能性がある。事故の多くは認知症の影響があって線路に迷いこんだり、危険性を認識しないままフェンスなどの囲いがない場所や踏切から線路に入ったりして、発生したとみられる。線路を数百メートルにわたって歩いた人や、通常は立ち入れない鉄橋やトンネル内で事故に遭った人もいた。

賠償請求の有無を調べるために取り組んだ遺族への取材は難航した。そもそも遺族の自宅がはっきり分かるケースはごく一部で、住宅地図などを手にまずは家を探すことか

ら始めた。ようやく遺族に会えても、悲しい事故を思い出したくないという理由で取材を断られることもあった。最終的には、裁判になったＪＲ東海の事故を含め、９社10件の事故について遺族や関係者に話を聞くことができた（※表Ⅳ―１参照）。

10件のうち、遺族側に賠償を求めていたのは係争中のＪＲ東海のほか、東武鉄道が２件、近畿日本鉄道と名古屋鉄道が各１件で約16万～１３７万円をそれぞれ請求していた。約１３７万円のケースでは会社側が事故で生じた社員の時間外賃金や振り替え輸送費などを求めていた。この事故を含む２件は双方の協議で減額されたが、４件とも遺族側が賠償金を支払っていた。

他の５件は北海道、東日本、西日本、九州のＪＲ４社と南海電鉄の事故で、いずれも遺族側に損害賠償を請求していなかった。遺族によると、ＪＲ東日本は「認知症と確認できたので請求しない」、南海は「約１３０万円の損害が出たが請求しない」と伝えてきたという。毎日新聞の取材に対してＪＲ東日本は「そういった伝え方はしていない。事実関係に基づき検討し、請求を見合わせたのは事実」、南海は「回答は控えたい」とそれぞれコメントしている。

この10件だけで、列車事故を巡る損害賠償請求の全体像をつかめたとは言えない。しかし、遺族がまったく請求を受けていないケースが十分にあることは確認できた。鉄道会社や事故内容によって、事故後の対応が異なることも見えてきた。

賠償請求を受けた遺族は、家族を守れなかった悲しみに加えて、予期せぬ負担に直面して苦しんでいた。二〇一二年三月に東武東上線の踏切事故で妻（当時七五歳）を失った埼玉県川越市の七〇代男性は、東武鉄道から１３７万円余の損害賠償請求を受けた。年金暮らしの身にはとても払えない。相談した弁護士の尽力のおかげか、最終的に東武鉄道は事故対応でかかった人件費など自社分の請求を放棄。男性側がＪＲやバスなど他社への代替輸送分63万円余を支払うことで和解が成立した。

妻は自宅から約15分の川越駅そばの踏切で電車にはねられて死亡した。事故時は、必ず身に着けさせていたＧＰＳ（全地球測位システム）付きの携帯電話や名前と連絡先を書いた「迷子札」は布団に残っていた。「もう少し早く気付いていれば…」。男性に悔いは残るが「できる限りのことはした」との思いはある。就寝時は部屋の出入り口で横になり、妻がトイレに立つ度に起きて見守った。近くの孫も一緒に外出する際、常に妻と手をつないで注意を払ってくれた。万が一に備え近所にも症状を隠さず伝えていた。

名古屋地裁の判決について、男性は「介護の実態に合わない」と怒りを覚える。「判決通りだと買い物一つできなくなる。介護する人は一体どうすればいいのか」と語った。

認知症の入居者が気付かないうちに外出してしまい、列車にはねられて死亡した経験がある関東地方の施設からも話を聞くことができた。

男性職員は「放っておいて事故が起きたのであれば、施設が責任を負うのは当たり前だが、防ぎきれないことはある」と強調する。専門職による複数の目で見守る施設であっても、事故は完全に防げない。職員は「鉄道会社から損害を請求されるようになれば、特に自宅で認知症の人をみている家族は大変になる。鍵をかけたり、薬をたくさん出してもらって歩けないようにしたりして、危ない考えになってしまう。そうした危険があることを、自分の身に置き換えて考えてみたらどうなのか。弱い立場の人にどのような対応をしているかは、その国の品格を示すのでは」とも語った。事故について鉄道事業者から損害賠償の請求はなかった。それだけに、JR東海の対応と家族の責任を認めた判決に驚いたという。

◇想定外の踏切事故

本書は踏切事故がメインテーマになっている。認知症の人が踏切で事故に遭う事例も多い。取材を進めると、想像もしない経緯で死亡事故が起きていたことが分かった。事故防止につながる実態調査と対策が進むことを願って、毎日新聞に掲載した記事を以下に紹介したい。

◆　◆

鉄道事故に遭い死亡した認知症の人たちが8年間で少なくとも115人に上ることが毎日新聞の調べで判明したが、このうち二〇一一年一〇月に西東京市で起きた事故では死亡した女性（当時七四歳）の姿を監視カメラがとらえていた。踏切内で女性はある方向を指さし、事故は想像もつかない経緯で起きていた。専門家は「有効な対策を探るため、鉄道会社や国は事故の事例を集めて研究すべきだ」と訴える。

現場の踏切は新宿から急行で約20分のベッドタウン、西東京市の中核とされる西武新宿線田無《たなし》駅の脇にある。駅は1日7万人以上が乗降し、事故時と同じ夕刻には買い物袋を抱えた女性や車が遮断機の前に列をなす。踏切内は複々線の一部が合流し始め、奥行きは13メートル。そのほぼ中央で女性は列車にはねられた。約2キロ離れた有料老人ホームの入居者だった。

警視庁田無署によると、女性は事故の1時間ほど前、同じ入居者の60代男性と散歩に出た。2人とも認知症で、事故以前も帰りが遅くなり職員が捜したことはあったが、大抵は自分で帰って来ることができたという。

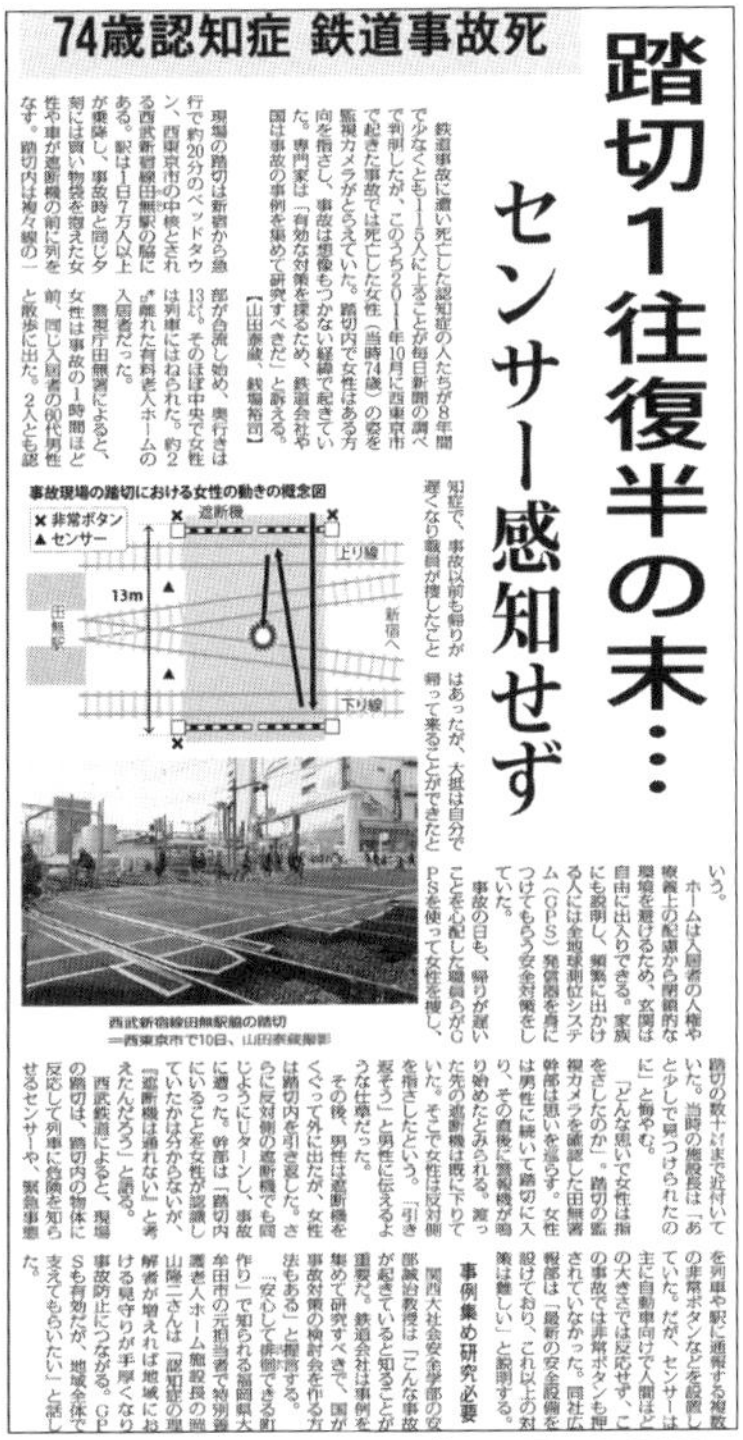
74歳認知症 鉄道事故死

踏切1往復半の末…

センサー感知せず

鉄道事故に遭い死亡した認知症の人たちが8年間で少なくとも115人に上ることが毎日新聞の調べで判明したが、このうち2011年10月に西東京市で起きた事故では死亡した女性（当時74歳）の姿を監視カメラがとらえていた。踏切内で女性はある方向を指さし、事故は想像もつかない経緯で起きていた。専門家は「有効な対策を探るため、鉄道会社や国は事故の事例を集めて研究すべきだ」と訴える。【山田泰蔵、銭場裕司】

現場の踏切は新宿から急行で約20分のベッドタウン、西東京市の中核とされる西武新宿線田無駅の脇にある。駅は1日7万人以上が乗降し、事故時と同じ夕刻には買い物袋を抱えた女性や車が遮断機の前に列をなす。踏切内は複々線の一部が合流し始め、奥行きは13㍍。そのほぼ中央で女性は列車にはねられた。約2㌔離れた有料老人ホームの入居者だった。

警視庁田無署によると、女性は事故の1時間ほど前、同じ入居者の60代男性と散歩に出た。2人とも認知症で、事故以前も帰りが遅くなり職員が捜したことはあったが、大抵は自分で帰って来ることができたという。

西武新宿線田無駅脇の踏切＝西東京市で10日、山田泰蔵撮影

ホームは入居者の人権や療養上の配慮から閉鎖的な環境を避けるため、玄関は自由に出入りできる。家族にも説明し、頻繁に出かける人には全地球測位システム（GPS）発信器を身につけてもらう安全対策をしていた。

事故の日も、帰りが遅いことを心配した職員らがGPSを使って女性を捜し、踏切の数十㍍まで近付いていた。当時の施設長は「あと少しで見つけられたのに」と悔やむ。

「どんな思いで女性は指をさしたのか」。踏切の監視カメラを確認した田無署幹部は思いを巡らす。女性は男性に続いて踏切に入り、その直後に警報機が鳴り始めたとみられる。渡った先の遮断機は既に下りていた。そこで女性は反対側を指さしたという。「引き返そう」と男性に伝えるような仕草だった。

その後、男性は遮断機をくぐって外に出たが、女性は踏切内を引き返した。さらに反対側の遮断機でも同じようにUターンし、事故に遭った。幹部は「踏切内にいることを女性が認識していたかは分からないが、『遮断機は通れない』と考えたんだろう」と語る。

西武鉄道によると、現場の踏切は、踏切内の物体に反応して列車に危険を知らせるセンサーや、緊急事態を列車や駅に通報する複数の非常ボタンなどを設置していた。だが、センサーは主に自動車向けで人間ほどの大きさでは反応せず、この事故では非常ボタンも押されていなかった。同社広報部は「最新の安全設備を設けており、これ以上の対策は難しい」と説明する。

事例集め研究必要

関西大社会安全学部の安部誠治教授は「こんな事故が起きていると知ることが重要だ。鉄道会社は事例を集めて研究すべきで、国が事故対策の検討会を作る方法もある」と指摘する。

「安心して徘徊できる町作り」で知られる福岡県大牟田市の元担当者で特別養護老人ホーム施設長の猿山隆二さんは「認知症の理解者が増えれば地域における見守りが手厚くなり事故防止につながる。GPSも有効だが、地域全体で支えてもらいたい」と話した。

毎日新聞社会面 2014年1月13日付

西武新宿線田無駅脇の踏切。筆者撮影

ホームは入居者の人権や療養上の配慮から閉鎖的な環境を避けるため、玄関は自由に出入りできる。家族にも説明し、頻繁に出かける人には全地球測位システム（GPS）発信器を身につけてもらう安全対策をしていた。

事故の日も、帰りが遅いことを心配した職員らがGPSを使って女性を捜し、踏切の数十メートルまで近付いていた。当時の施設長は「あと少しで見つけられたのに」と悔やむ。

「どんな思いで女性は指をさしたのか」。踏切の監視カメラを確認した田無署幹部は思いを巡らす。女性は男性に続いて踏切に入り、その直後に警報機が鳴り始めたとみられる。そこで渡った先の遮断機は既に下りていた。そこで女性は反対側を指さしたという。「引き返そう」と男性に伝えるような仕草だった。

その後、男性は遮断機をくぐって外に出た

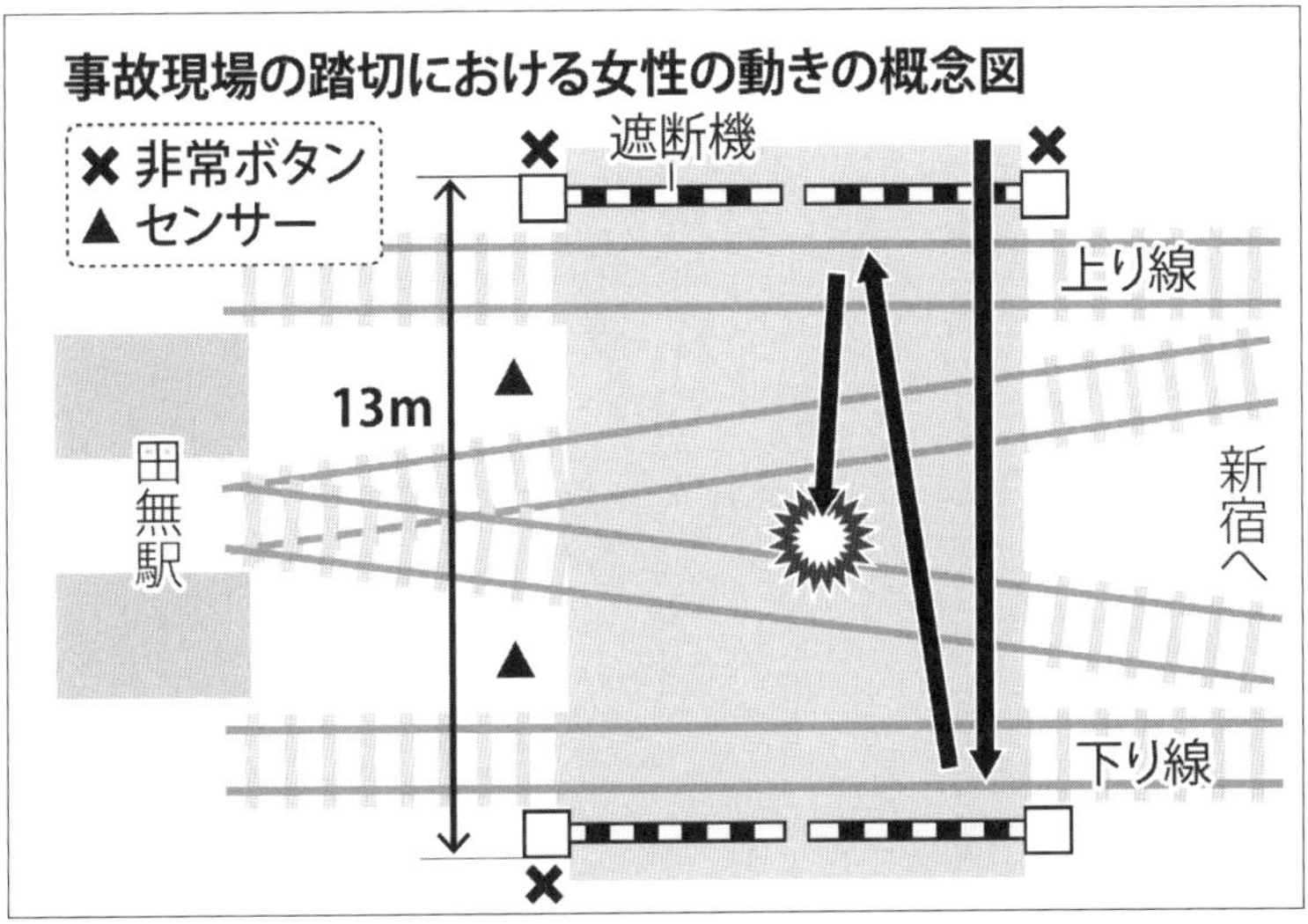

が、女性は踏切内を引き返した。さらに反対側の遮断機でも同じようにUターンし、事故に遭った。幹部は「踏切内にいることを女性が認識していたかは分からないが、『遮断機は通れない』と考えたんだろう」と語る。

西武鉄道によると、現場の踏切は、踏切内の物体に反応して列車に危険を知らせるセンサーや、緊急事態を列車や駅に通報する複数の非常ボタンなどを設置していた。だが、センサーは主に自動車向けで人間ほどの大きさでは反応せず、この事故では非常ボタンも押されていなかった。同社広報部は「最新の安全設備を設けており、これ以上の対策は難しい」と説明する。

関西大社会安全学部の安部誠治教授は「こんな事故が起きていると知ることが重要だ。鉄道会社は事例を集めて研究すべきで、国が事故対策の検討会を作る方法もある」と提言する。

「安心して徘徊できる町作り」で知られる福岡県大牟田市の元担当者で特別養護老人ホーム施設長の岡山隆二

さんは「認知症の理解者が増えれば地域における見守りが手厚くなり事故防止につながる。GPSも有効だが、地域全体で支えてもらいたい」と話した。

〈毎日新聞東京本社版二〇一四年一月一三日朝刊社会面〉

◆　◆

◇厚労省元局長も意見

JR東海の事故で父親を失った長男は、1審判決の結果に重い責任を感じた。「とんでもない判決を出してしまった。このまま判決が確定してしまえば、全国で介護に携わる方々に申し訳ない」。もはや自分だけの裁判ではないと感じて、判決内容をひっくり返すため、2審・名古屋高裁に提出する意見書を書いてくれる有識者を探した。

厚生労働省の元局長である宮島俊彦氏がこれに応じた。介護保険制度をはじめとする高齢者介護・福祉施策の推進を担当し、国の認知症施策策定の中核となる老健局のトップを務めていた。二〇一二年に退官したばかりで、認知症施策を語るにはうってつけの人物だった。

男性は要介護4の認定を受けた時に、「認知症高齢者の日常生活自立度」が「Ⅳ」にあたると判定されていた。この自立度を判断するための目安として「Ⅳ」の欄には「常に目を離すことができない状態である」との評価基準が書かれている。1審判決は、この文言通り、男性が常に目を離すことができない状態にあるのに見守りを怠ったとして、妻らの責任を認めていた。

これに対して、宮島氏は「『自立度Ⅳ』の欄にある『常に目を離すことができない状態』とは、入浴、食事、着替えなどの日常の起居動作を本人が自立して行える状態になく、常時、他者の手助けを必要としていることを指しているのであって、四六時中、認知症の人の動静を看守しなければならないという意味ではない。自立度Ⅳの人でも、ヘルパーなどの助けを借りて、一人暮らしをしている人は見受けられる」と1審判決が解釈を誤っていることを指摘した。

さらに「現在の介護は自立を支援するためのもので、24時間常に見守り、あらゆる行動の介助をすることは、不可能であるし、本人の残った機能の低下を招くため、むしろ望ましくない」「認知症の人は何をしでかすかわからない危険な存在ではなく、徘徊についても、当然に他者に危害を加えるおそれのある行動とは考えられていない」ことも強調している。

宮島氏は、日本の認知症施策が、できるだけ住み慣れた自宅で日常生活を送りながら、医療、介護、生活支援などの包括的ケアを受けられる対策を進めていることも説明。その上で「1審判決は、単独での外出の完全な防止という、不適切かつ実行不可能な行為を認知症の人の家族に強いるものだ。我が国の認知症施策に逆行するもので、認知症の人に対する抑制と拘束、これによる身体機能の廃用が横行していた一九七〇年代まで、我が国の認知症ケアの仕組みを退行させかねない」と疑問を投げかけている。

認知症介護研究・研修東京センターの永田久美子研究部長も意見書を提出した。永田氏は、認知症ケアの研究者であり、認知症になっても安心して暮らしていける地域づくりの分野で長年研究や研修に取り組む第一人者だ。

永田氏は、認知症の人が、障害部分だけをクローズアップされて危険を過大視されることや、不安定な時期に一時的に生じた問題がその後もいつも起こりうると拡大解釈されることで、本人の行動を必要以上に制限した結果として、状態の悪化や生活上の危険を増やしてしまう問題がこれまでに繰り返されてきたことを解説している。男性の場合は過去に2度行方不明になっているが、これは入退院後などの本人の状態が不安定だった時期に起きたもので、事故直前は比較的状態が安定しており、外に出たがる願望や脚力が低下して、ひとりで外に出てしまう問題も1年近くなかった。また、行方不明になる直前は、いつもと変わらない様子で穏やかに過ごしていた。このため、「妻らが行方不明になることを予見することは難しかった」と分析している。家族が施設ではなく在宅介護を続けたことも、なじみの環境で本人なりの意向やプライドを保った暮らしを維持できていたため、「適切な判断だった」と指摘している。

永田氏は、今回の判決が、介護を担う家族や介護関係者らだけでなく、認知症になるかもしれない中高年者や、一人暮らしや高齢夫婦の親を持つ子ども世代など、さまざまな人たちに大きな不安をもたらしている問題を強調した。「家族や一部の人のみの責任で解決できる課題ではなく、本人と家族、地域住民、専門職、交通機関をはじめとした社会の幅広い産業分野、そして行政が役割を分かち合いながら協働して取り組むことで、初めて解決できる重要課題だ。救いと希望のある判決を心より願っている」と思いのこもったメッセージで結んでいる。

◆配偶者の責任重く

２審判決が言い渡されたのは、二〇一四年四月二四日だった。名古屋高裁の法廷には介護関係者らも訪れて48の傍聴席はすべて埋まり、関心の高さをうかがわせた。

２審判決が下した結論は、長男の責任を否定しつつ、男性の妻の責任は1審に続いて認めるものだ。ＪＲ東海については鉄道事業者として安全の向上に努める社会的責務があることなどを指摘して、賠償金額を請求額の半分にあたる約３６０万円としている。

２審判決の最大の特徴は、配偶者の責任を重く認めた点にある。判決は、夫婦は同居し、互いに協力して助け合わなければならないという民法の規定を踏まえて、「夫婦の一方が老齢や病気などで自立した生活が送れなくなったり、徘徊などにより自傷または他害のおそれが出てきたりした場合は、もうひとりが自らの生活の一部であるかのように、見守りや介護などを行う義務がある」と指摘した。さらに、重い認知症だった男性は精神保健福祉法（改正前）上の精神障害者にあたり妻は男性の配偶者として保護者の立場にあったという見方も示して、「妻は男性に対する法定監督義務者にあたる」と判断している。法定監督義務者は民法７１４条の規定で、本人に代わって賠償責任を負うことになる。

妻が、男性に対する監督義務を果たしたかについて、2審判決は「長男の妻の協力を得て、意思を尊重し、心身の状態や生活状況に配慮するなど相当に充実した介護をしていた」と一定の評価は示したものの、「いったん徘徊した場合には、どのような行動をするかは予測が難しく、他者の財産を侵害する危険性があった。事務所に設置されていたセンサーの電源を切ったままにしていたのだから、監督は不十分だったと言わざるを得ない」と結論付けている。

男性の長男については「事実上の監督者にあたる」と判断した1審判決を覆した。長男は男性の扶養義務者に過ぎず、介護方針を決めた家族会議を主催したことも認められないため、介護体制に最も責任を負う立場にあったとまでは言えないことや、20年以上も別居していたことなどを踏まえて、「監督者に当たらない」と認定している。


2審判決はこうして妻の賠償責任を認めた上で、1審判決にはなかった判断の枠組みを示して、妻が支払うべき賠償額を検討している。

判決は、監督義務者の賠償責任を認めた民法714条の規定は、責任能力がない人の賠償責任を否定した代償として被害者の救済を図るもので、監督義務者が本人に代わって責任を負う側面があることを強調している。さらに、監督義務を果たさなければならない範囲は責任能力がない人の生活全般に及ぶため、今回の事故のように損害を生む行為があれば「監督上の過失が事実上推定される」と説明。過失がなくても損害賠償の責任を負う「無過失責任」に近い、重い責任を負うことになる側面も指摘した。こうした民法の規定を踏まえて、判決は、損害の公平な分担を図るには、損害を受けた側に過失相殺にあたる事情が認められない場合でも、それぞれの事情を総合的に検討して賠償額を減額することができる、という判断の枠組みを示した。

具体的には、▽重い認知症の男性が線路に入って起きた事故で男性が死亡している▽男性に一定の資産があった▽妻が家族の補助を受けて相当に充実した介護体制をつくっていた▽ＪＲ東海が資本金１０００億円を超える日本有数の鉄道事業者で、事故で約７２０万円の損害を受けた▽公共交通機関として安全向上に努める社会的責務があるが、大府、共和両駅で十分に利用客を監視していれば、また、共和駅ホーム下に降りるフェンス扉に鍵をかけていれば、事故を防げたと推認される事情があった――ことを総合的に検討して、賠償するべき金額を損害額の５割とした。

１審と２審の判決は、家族の責任を認める理由付けや賠償金額などが異なり、判断が大きく揺れている。２審判決を不服としてＪＲ東海が先に上告。続いて家族側も上告し、結論は最高裁に持ち越された。

長男によると、２審判決が言い渡された一四年四月時点で九一歳になっていた母親は、判決について書かれた新聞記事に赤線を引き、「これ、私のことだ」とつぶやいた。かたい表情が気になった長男は、記事には介護する家族の立場を思いやる内容が書かれていることを伝えた。「うちのおじいさんもなかなかのものだ。犬死にならなかったね」と重ねて語り掛けると、母親はほんの少し笑顔を返したという。

「母は間違いなく裁判を気に掛けている」。そう話す長男は、「全国の介護に携わる人にも心配をかけている。最高裁には司法の良心があると信じている」と祈るように語る。

◆割れる法律家の評価

最高裁の判断が出る前に、各方面の議論は熱を増している。一四年一〇月三一日には、NPO法人「高齢社会をよくする女性の会」（樋口恵子理事長）による勉強会と、日本弁護士連合会主催のシンポジウム「認知症高齢者が地域で暮らすために〜名古屋高裁判決を踏まえて」がそれぞれ都内で開かれた。

女性の会による勉強会には、医師や看護学、介護相談の専門家に加えて、裁判で家族側代理人を務めている田村恵子弁護士らが登壇した。足を運んだ参加者を含め、さまざまな立場から意見が交わされた。家族の責任を認めた司法判断に対する危機感は強く、「このままいってしまうと家庭での介護を崩壊させてしまう」「（家族を）免責する法律をつくらなければならない」「認知症になってもひどい目に合わない社会をつくりたい」などの声が次々に上がった。2審判決が夫婦の協力扶助義務を重く認めたことに話を及ぶと、「うちの家内が認知症になったらすぐに離婚しろということですか」と男性出席者からもため息が漏れた。

高齢社会をよくする女性の会の勉強会。筆者撮影

このほか「自分の子どもが認知症の人が運転する車にひかれた場合、損害賠償を請求できるのか？」など、多様な観点から質問が出された。「損害を受けたJR側が『払ってもらおう』と言う気持ちも分かる」との意見に対して、「誰かが賠償や補償をしなければいけないということを、もっと疑ってほしい。今回は認知症の人による事故であり、しかも亡くなった。鉄道会社も介護する人もどちらも事故を防ぐ対策を取り切れないのであれば、そこまで（JR側が請求を）ギリギリやらないといけないのか」と反論が上がるなど、熱のこもった議論が展開された。

日弁連のシンポジウムでは、「JRによる賠償請求自体に違和感を持つ人がいる一方、法律解釈として2審判決は正しいと考える人がいる」などと2審判決の結論に対する法律家の評価が分かれていることが紹介された。家族の責任が否定されれば損害が生じた者が賠償をまったく受けられなくなることや、事故で死亡した男性に賠償金を支払える資産があったことなどが、２審判決を支持する法律家の理由になっているようだ。

講演した新潟大学法学部の上山泰教授は、障害を個人的な特性としてとらえる「医学モデル・個人モデル」ではなく、障害は社会環境によっても生じるものでバリアフリー設備などの環境を整えれば相当解決できるという「社会モデル」の視点が現在はあることを説明。明治生まれの民法は社会モデルのような発想がなく、現状では、損害を与えた本人に賠償責任を問えなければ、別の人（今回の場合は家族）に賠償責任を転嫁するしかない問題を指摘している。

仮に家族の責任が認められても資産がない場合は、家族が法的に非難されるだけで、被害を受けた者も損害を回復できない。この視点から、上山教授は今回のような賠償問題を完璧に解決することが難しい「民法の限界」に言及。資産がある場合は責任無能力者である本人も賠償責任を負う仕組み（仮に今回の事故で本人が責任を負うなら、家族が賠償責任を相続する）を立法化したうえで、公的救済システムを連動させていくなどのかたちで、問題を解決していく解決案を提言した。講演後は、医師や介護研究者らが参加してパネルディスカッションが行われた。

◆時代遅れの判決

認知症を巡る歴史は、病気への偏見をなくし、当事者の尊厳を取り戻すための歩みだったと言える。いわゆる「座敷牢」のようなかたちで、病気と本人を家の中などに隠してきた時代もあった。

施設や病院などでも問題のある身体拘束が行われた。

二〇〇〇年に「介護の社会化」と呼ばれた介護保険制度がスタート。「痴呆」という言葉は、侮蔑的な響きがあるとして〇五年に「認知症」に切り替わった。近年は、公の場で病気について語る認知症の人が増え、積極的に発言する時代が到来している。「認知症になっても何も分からなくなるわけではない」「認知症だからおかしなことをするという偏見や誤解をなくしてほしい」。その声は、社会に広く、深く浸透しようとしている。一四年秋には、認知症対策を政府全体で取り組む「国家戦略」に位置付けることを国際会議の場で首相が表明。初の国家戦略は一五年一月に発表され、「認知症の人の視点」に立った取り組みが盛り込まれている。

高い問題意識を持った家族や本人と、介護、医療、行政関係者らの地道な取り組みで、認知症に対する偏見をなくし、住み慣れた地域で穏やかに暮らすための施策が少しずつ進んできた。だが、今回の事故について1、2審が出したような判決が仮に確定するとすれば、各地の介護は危機に見舞われる。判決が家族の責任を認めたことは重く、認知症の人をできるだけ外に出さない動きが確実に強まる。認知症の入居者や利用者がいる介護施設にとっても、重い監督義務は人ごとではない。時計の針は逆回転してしまう。

事故で男性は亡くなったものの、家族はそれぞれの役割を果たしていた。男性の妻による介護を助けるため、長男の妻が男性宅近くに引っ越して、介護ヘルパーの資格も取った。長男や介護の専門職である三女もできるかぎりのサポートをしていた。一人暮らしのお年寄りや老老介護世帯が増えた近年にはあまり見られない、充実した介護体制だった。ベストに近い介護に取り組んでいた家族が責任を追及されるなら、介護現場に深刻な影響を与えることになる。

2審判決は、配偶者を、認知症の本人に対する法定監督義務者に当たると認定した。だが、配偶者が互いに支え合うことはいいとしても、第三者に対する重い責任まで背負うべきものなのか。判決は、精神保健福祉法の規定を持ち出してこの点を補強しようとしているが、社会の納得を得られる判断なのか、大きな疑問を感じる。日弁連のシンポジウムでもこの点は指摘されていた。

「見守りは本人のけがなどを回避するためであり、第三者の権利侵害を避けるためのものではない」。こう訴えた家族側の主張を、2審判決は以下のような判断で退けている。

「妻や家族が知らない間に外に出て生命や身体に危害を被らないように行動を把握することは、とりもなおさず、多くの場合、徘徊の末に今回の事故のように線路内に入り込んだり、他人の敷地に入り込んだりして、他人の財産などを侵害することを防ぐことにもなる」

判決は男性が過去に2度行方不明になったことを重く見たようだが、こうした行動はどちらかといえば認知症の初期段階に多くみられ、加齢などに伴いなくなっていくことが知られている。男性の場合も事故前の1年近くは、無断で遠くに行ってしまったことはなかった。2審判決が推認した線路に入るまでの経路を考えると、かなり低い確率で今回の事故が起きたことが分かる。そもそも男性がひとりで外出しても、それまでの言動や身体能力から、第三者に危害を加える可能性は極めて低かった。

一方、判決は男性の状態を「いったん徘徊した場合には、どのような行動をするかは予測が難しく、今回の事故のような駅構内への侵入も含めて、他者の財産侵害となり得る行為をする危険性があった」と指摘している。「認知症の人は危険な存在ではない」と指摘した元厚労省幹部らの意見は反映されなかった。認知症に対する社会の受け止め方や介護のあり方が時代とともに大きく変化したことの正確な理解を、判決から読み取ることはできない。裁判官はしょせん、認知症の人は何をするか分からない存在と見ているのだろう。時代遅れの認識のままなのだ。

鉄道会社が、運行を妨げた人に対して損害賠償を求めるケースはあるだろう。置き石のようないたずらや、車の無謀運転による踏切内への侵入事故などについて、賠償を求めることは誰もが理解できる。請求したことが社会に伝われば、抑止効果もあるかもしれない。

ただ、こうした故意や過失によって生じた運行障害と、認知症の人による死亡事故後の対応を同じように扱うことには大きな疑問がある。毎日新聞が遺族に取材した10件の認知症の人の死亡事故のうち、5件は鉄道事業者側が遺族に損害賠償を請求していなかった。中には、認知症ということを考慮して、請求を控えた可能性があるケースもあった。鉄道事業者は、営利企業ではあっても公共交通機関として地域や社会に寄与する役割を担っている。その立場から、どの事業者も事故の経緯や原因に合わせて柔軟な対応ができるような存在であってほしい。認知症の人による鉄道死亡事故で、他の事業者が遺族に賠償を求めた裁判の判決例が見当たらないことをあわせて考えると、提訴に踏み切ったＪＲ東海の対応は、突出しているようにみえる。死亡した男性に責任能力があったとした主張は、とても社会の理解を得られるものではなかった。

２審判決の内容が最高裁の判断で変わっても、変わらなくても、今後、認知症の人が原因となって起きた損害をどのようにして補っていくかは、社会全体で考えていく必要がある。現状は、責任無能力者による損害については、犯罪被害者給付金制度が適用されるケースを除けば、監督義務者（家族ら）が賠償責任を負うか、免責されるか、しかない。

認知症の人の鉄道事故で生じた損害について「介護する者に重大な過失がない限り、責任を問うべきではない」「介護する者への責任の押しつけや、身体拘束などの高齢者の人権侵害を招くことではなく、国民各層が痛みを分け合うかたちで解決するしかない」と主張する元厚労省老健局長の堤修三さんは、事故で損害を受けた者に対する見舞金の支給を介護保険のなかで市町村が行う地域支援事業の対象とすることも一案だとしている。議論のたたき台となる案が、多くの有識者から示されることが期待されている。

超高齢社会に生まれた、新たな不安を取り除くための仕組みをつくり出す必要がある。司法の結論にかかわらず、立法などの出番が来ている。九一歳の男性の死を無駄にしてはならない。

V

韓国の踏切事故

李　容相（韓国・又松大学校鉄道物流学部教授）
鄭　炳玹（韓国・又松大学校鉄道物流学部副教授）

表Ⅴ－1　韓国の鉄道施設の状況

年度		2001	2002	2003	2004	2005	2006	2007	2008	2009	2010
鉄道延長（km）	合計	3, 526. 4	3, 539. 4	3, 550. 7	3, 796. 5	3, 861. 7	3, 874. 1	3, 899. 4	3, 885. 1	3, 911. 9	4, 094. 3
	高速	–	–	–	238. 6	240. 4	240. 4	240. 4	240. 4	240. 4	368. 5
	在来	3, 125. 3	3, 129. 0	3, 140. 3	3, 135. 5	3, 151. 6	3, 151. 6	3, 158. 7	3, 140. 8	3, 137. 5	3, 188. 8
	都市	401. 1	410. 4	410. 4	422. 4	469. 7	482. 1	500. 3	503. 9	534	537
複線化率（%）	合計	39. 8	40	40. 4	45. 8	47. 3	47. 6	48. 8	49. 8	51. 7	56. 2
	高速	–	–	–	100	100	100	100	100	100	100
	在来	31. 9	31. 9	32. 5	34. 3	35. 4	36	36. 8	38	39. 7	43. 7
	都市	100	100	100	100	100	100	100	100	100	100
電化率（%）	合計	30. 3	30. 4	30. 7	52. 9	55. 4	59. 4	59. 4	60. 2	62. 1	65. 5
	高速	–	–	–	100	100	100	100	100	100	100
	在来	21. 4	21. 4	21. 7	43	45. 2	50. 1	49. 9	50. 7	52. 7	55. 8
	都市	100	100	100	100	100	100	100	100	100	100

（出所）『国土交通統計年報』各年版

1　韓国における鉄道の現況

韓国は、一九四五年の日本の植民地支配からの解放・独立、朝鮮戦争（一九五〇～五三年）を経て、一九九〇年代までに「漢江《ハンガン》の奇跡」と呼ばれる高度経済成長を達成し、今日ではGDP世界第14位（二〇一三年）の国力を持つ国に成長した。二〇一三年現在で、その人口は約5千万人、面積は日本の約四分の一の10万平方キロメートルである。

韓国の交通体系は、日本と同じように自動車中心である。一九九〇年代まで、交通投資のほとんどが道路に振り向けられ、鉄道投資が不十分だったこともあって、国内輸送市場においては旅客88・2％（人）、貨物82・1％（トン）と自動車の輸送分担率（シェア）が圧倒的に大きい（二〇一二年現在）。鉄道については、幹線鉄道は旅客、貨物とも3～4％程度の分担率しかないが、旅客輸送で地下鉄（都市鉄道）は約8％の分担率を占めている。

韓国の鉄道の状況をもう少し紹介しておく。その歴史は一八九九年に始まったが、一九四五年の解放後は、全国的な鉄道の運営は韓国鉄道庁が担当していた。韓国鉄道庁は、二〇〇四年の鉄道構造改革によって、韓国鉄道公社へと経営形態を転換した。一方、二〇〇四年四月にソウルと釜山を結ぶ高速鉄道が開業した。この高速鉄道は、韓国高速鉄道公社によって運営されている。このほか、韓国の六つの大都市では地下鉄が営業されており、それらのほとんどは地方自治体所有の地下鉄公社が管理・運営している。

二〇一三年現在、全国的に高速鉄道368・5㎞、在来線3188・8㎞、都市鉄道537㎞が敷設されており、高速鉄道が開業したこともあって、鉄道の営業距離は二〇〇三年の3550・7㎞から二〇一〇年には4094・3㎞に伸びている。複線化率をみると、表Ⅴ−1のとおり、高速鉄道と都市鉄道線路は100％であるが、在来線は約43・7％に止まっている。電化率も高速鉄道と都市鉄道は100％となっているが、在来線は55・8％である。ただし、在来線においても電化は、ここ10年ほどの間に急ピッチで進められており、韓国の鉄道は急速に様変わりしつつある。

こうした鉄道の発展を支えているのが、国家予算における鉄道投資の増加である。韓国では二〇〇四年に鉄道の上下分離、いわゆる鉄道構造改革が実施された。この構造改革以前の二〇〇二年と二〇〇三年をみてみると、鉄道投資額は道路投資額のそれぞれ52・2％、及び52・9％だったのが、構造改革以後の二〇〇五年には63・7％となり、その後も増加を続け、二〇一〇年は66・7％、そして二〇一一年には72・6％となっている。つまり、近年、道路中心の交通投資が見直され、鉄道への投資が著増しているのである。
なお、以上の説明からも読み取れると思われるが、韓国には私鉄は存在しない。

2　韓国の鉄道事故

◆鉄道事故の定義

韓国の鉄道事故は、「鉄道事故等報告に関する指針（国土海洋部告示2010―470号）」によって「鉄道交通事故」ならびに「鉄道安全事故」に分類されている。鉄道交通事故とは、列車又は車両の運行によって発生した事故のことをいい、具体的には「列車事故」、「踏切事故」、「交通人身事故（死傷事故）」などからなる。

これらのうち、列車事故は列車にかかわって発生する事故で、「列車衝突」、「列車脱線」、「列車火災」、「その他の列車事故」の四つがある。踏切事故は、踏切で列車または鉄道車両と自動車とが衝突あるいは接触した事故のことをいう。また、交通人身事故には、「旅客交通事故」、「公衆交通事故」、「職員交通事故」（作業員、職員）の三つがある。

なお、公衆交通事故とは、韓国独特の呼び方であるが、列車あるいは鉄道車両運行中に一般公衆

表Ⅴ－２　鉄道事故の推移（2001－2013年）

（単位：件）

年	2001	2002	2003	2004	2005	2006	2007	2008	2009	2010	2010	2012	2013
合計	576	596	710	616	360	314	313	407	380	315	273	247	232
列車事故	4	2	4	2	4	6	5	7	3	4	2	6	6
踏切事故	60	57	61	39	37	26	24	24	20	17	14	10	13
死傷事故	512	537	645	575	319	282	277	376	357	294	257	231	213

（出所）『国土交通統計年報』各年版

（市民）に死傷者が出た場合の事故をさす。広義には、踏切における歩行者や自転車の死傷事故もこれに含まれる。

次に、鉄道安全事故とは、列車又は車両運行と関係なく、鉄道の運営及び鉄道施設管理に関連して人命の死傷あるいは物件の損壊が生じた事故のことをいう。具体的には、「鉄道火災事故」、「鉄道施設破損事故」、「鉄道安全死傷事故」などがこれに含まれる。このうち、鉄道安全死傷事故とは、待合室、プラットホーム、線路など鉄道施設での転落、感電、衝撃などで死傷が発生した事故のことを指し、「旅客安全死傷事故」、「公衆安全死傷事故」、「職員安全死傷事故」の三つに分類されている。

このほか、鉄道事故とは別に、列車または車両の運行に支障をきたしたものとして、日本の輸送障害に相当する「運行障害」というカテゴリーがある。運行障害には、「危険事件」及び「遅延運行」の二つがある。

◇鉄道事故の現況

鉄道事故は一九七〇年代には年間２００件近くも発生していたが、近年は減少傾向にある。ここ10年あまりの傾向をみると、表Ⅴ－２のとおり、とくに踏切事故や死傷事故（交通人身事故）が大きく減少している。一方、列車事故の件数は、年によって多少の違いはあるが、ほぼ横ばいとなっている。

事故件数の減少によって事故による人的被害数も減少傾向にある。最近5年の状況を見てみると、表V－3のとおり、死者数は二〇〇九年の161人から二〇一三年には96人へ、また、負傷者数も234人から148人へ減少している。

表V－3　鉄道事故人的被害（2009－2013年）

		2009	2010	2010	2012	2013
人的被害（人）	死亡	161	135	124	108	96
	重傷	134	136	87	87	90
	軽傷	100	79	64	123	58
	合計	395	350	275	318	244

（出所）『国土交通統計年報』各年版

◆運輸事故の発生状況

現代社会における主要な交通手段は、鉄道、自動車、航空、船舶の四つである。これら交通手段に関わって発生する事故は運輸事故と呼ばれている。ここで、韓国における鉄道以外の運輸事故について簡単に述べておく。

日本の場合も同様と思われるが、韓国における運輸事故の中で、発生件数、被害者数とも最も多いのは自動車事故である。二〇一二年に発生した自動車事故の総数は22万3656件、それによる死者は5392人であった。韓国の自動車事故は、モータリゼーションが進展するようになった一九七〇年代から増え始め、一九九〇年代にはそれによる死者数は1万3000人を超え、大きな社会問題となった。そのため、「先進交通安全文化」の定着活動、安全志向型の道路の拡充、車両の改善、子どもや高齢者の交通事故予防活動などが国を挙げて推進された。また、交通事故防止のための広報活動や、交差路改善事業のような交通安全対策が強く推し進められた。その結果、今世紀に入った頃から、自動車事故による死傷者数は大きく減少してきている。

次に、航空事故については、件数的にはそれほど多く発生していない。ここ20年程度の期間をみると、毎年数件程度の事故が発生しているのみで、それによる死者数も年間1～2名程度である。なお、航空事故に関連して、一九九七年に米国のグアムで大韓航空機の墜落事故が発生し、228人の犠牲者が出た。この事故を契機に、韓国では航空事故の再発防止を目的に事故の原因調査を行う政府機関として、二〇〇二年に航空事故調査委員会が設置された。

最後に、船舶事故については、近年、船舶の大型化に伴い、安全性が向上したことにより、事故による被害者の数そのものは減少している。しかし、一方で、大型化した分、いったん事故が発生した場合、一隻当たりの被害者数は増加する傾向にある。二〇一四年四月に発生したフェリー船セウォル号の転覆・沈没事故がその典型である。この事故では実に304名の死者・行方不明者が出ている。

3　踏切事故と安全対策

◆踏切の定義

韓国の国土交通部（日本の国土交通省に相当）では、設置されている装置と通過する交通量を基準に、踏切を表Ⅴ―4のとおり三つに区分して管理している（国土交通部「鉄道施設安全細部基準」）。

表Ⅴ－４　韓国の踏切の区分

種別	内　　容	総交通量（鉄道交通量×道路交通量）
第１種踏切	遮断機、警報機および踏切交通安全標識を設置してその遮断機を昼・夜間ずっと作動するとかまたは踏切係員が配置された踏切	500,000 回以上
第２種踏切	警報機と踏切交通安全標識が設置された踏切	300,000 回以上 500,000 回未満
第３種踏切	踏切交通安全標識が設置された踏切	300,000 回未満

注１：第２種又は第３種踏切基準に適合した踏切が事故多発地域か高速鉄道の運行区間にあり、危険度が高いと認められるときは、１ランク上の種別に分類することができる。
注２：交通量とは、鉄道交通量に道路交通量をかけた値をいう。
注３：道路交通量とは、平日に踏切を通過する１日平均列車通過回数に一般車両は１、入換車両は0.5をかけた値の合計をいう。

第1種踏切は、遮断機、警報機および踏切交通安全標識が整備された踏切で、遮断機が24時間中作動しているか、または踏切係員が配置されている、鉄道交通量と道路交通量を掛け合わせた一日の総交通量が50万回以上のものをいう。現在、韓国の踏切の約90％は、この第1種踏切である。

第2種踏切は、警報機と踏切交通安全標識が設置された踏切で、総交通量が30万回以上、50万回未満のものをいう。

最後に、第3種踏切は、踏切交通安全標識のみが設置された踏切で、総交通量が30万回未満のものを指す。

◆踏切の現況

踏切事故は、列車または鉄道車両と踏切を通行する自動車との衝突・接触によって発生する。その原因の大半は、自動車の運転手側にある。踏切事故が発生した場合、人的被害を伴うことがほとんどである。また、事故車両の撤去作業に相当な時間がかかるため列車の運行にも支障が生じる。

韓国における踏切の数は、踏切の立体交差化や線路の線形改良事業などにより毎年減少している。すなわち、一九七〇年に２５９９あった踏切は、二〇一三年には１０７５と半減している。二〇一三年の踏切の数を種別ごとにみておくと、第１種踏切が全体の90・1％に当たる969、第2種踏切が8、第3種踏切が98となっている。なお、かつては第4種踏切が存在したが、現在は全廃されている。

◆踏切事故の現状

前述したとおり、韓国では踏切事故とは「踏切で列車または鉄道車両と自動車とが衝突あるいは

韓国の第１種踏切（韓国・鉄道公社提供）

韓国の第２種踏切（韓国・鉄道公社提供）

韓国の第３種踏切（韓国・鉄道公社提供）

表Ｖ－５　韓国の踏切の区分と数

	第１種		第２種		第３種		第４種		合計	踏切事故件数
	個所	比率	個所	比率	個所	比率	個所	比率		
1970	220	8.5%	202	7.8%	46	1.8%	2,131	82.0%	2,599	172
1971	253	9.1%	197	7.1%	48	1.7%	2,275	82.0%	2,773	171
1972	268	9.4%	160	5.6%	54	1.9%	2,361	83.0%	2,843	178
1973	264	9.5%	155	5.6%	63	2.3%	2,291	82.6%	2,773	172
1974	262	9.6%	155	5.7%	63	2.3%	2,261	82.5%	2,741	136
1975	259	9.5%	155	5.7%	63	2.3%	2,261	82.6%	2,738	181
1976	285	11.8%	138	5.7%	86	3.6%	1,898	78.9%	2,407	152
1977	286	12.0%	140	5.9%	343	14.3%	1,622	67.8%	2,391	159
1978	270	11.5%	148	6.3%	416	17.7%	1,519	64.6%	2,353	199
1979	274	11.8%	141	6.1%	439	18.9%	1,471	63.3%	2,325	198
1980	289	12.7%	150	6.6%	396	17.4%	1,445	63.4%	2,280	172
1981	292	13.1%	161	7.2%	414	18.6%	1,363	61.1%	2,230	144
1982	295	13.3%	163	7.3%	503	22.6%	1,260	56.7%	2,221	143
1983	299	13.4%	167	7.5%	603	27.1%	1,155	51.9%	2,224	133
1984	332	15.1%	117	5.3%	703	31.9%	1,053	47.8%	2,205	91
1985	348	16.0%	96	4.4%	791	36.4%	940	43.2%	2,175	129
1986	386	17.8%	65	3.0%	897	41.5%	815	37.7%	2,163	119
1987	420	19.8%	42	2.0%	951	44.8%	709	33.4%	2,122	120
1988	430	20.4%	41	1.9%	1,085	51.4%	553	26.2%	2,109	136
1989	442	21.1%	33	1.6%	1,234	59.0%	382	18.3%	2,091	214
1990	459	22.1%	26	1.3%	1,299	62.6%	290	14.0%	2,074	231
1991	505	24.5%	33	1.6%	1,270	61.7%	250	12.1%	2,058	265
1992	601	29.9%	30	1.5%	1,151	57.3%	228	11.3%	2,010	278
1993	707	35.4%	1,074	53.8%	214	10.7%	－	－	1,995	292
1994	803	41.1%	978	50.1%	172	8.8%	－	－	1,953	310
1995	1,047	54.6%	718	37.4%	153	8.0%	－	－	1,918	282
1996	1,261	66.0%	510	26.7%	141	7.4%	－	－	1,912	172
1997	1,047	71.9%	290	19.9%	120	8.2%	－	－	1,457	116
1998	1,719	93.2%	25	1.4%	100	5.4%	－	－	1,844	116
1999	1,711	93.2%	19	1.0%	106	5.8%	－	－	1,836	95
2000	1,651	93.0%	21	1.2%	104	5.9%	－	－	1,776	75
2001	1,611	92.4%	32	1.8%	101	5.8%	－	－	1,744	60
2002	1,590	92.5%	30	1.7%	99	5.8%	－	－	1,719	57
2003	1,538	92.8%	24	1.4%	95	5.7%	－	－	1,657	61
2004	1,467	93.0%	27	1.7%	83	5.3%	－	－	1,577	39
2005	1,428	92.9%	27	1.8%	82	5.3%	－	－	1,537	37
2006	1,393	92.3%	25	1.7%	92	6.0%	－	－	1,510	26
2007	1,344	92.4%	20	1.4%	91	6.2%	－	－	1,455	24
2008	1,242	90.7%	17	1.2%	110	8.1%	－	－	1,369	24
2009	1,184	90.2%	17	1.3%	112	8.5%	－	－	1,313	20
2010	1,130	89.5%	14	1.1%	118	9.4%	－	－	1,262	17
2011	1,087	89.2%	14	1.1%	118	9.7%	－	－	1,219	14
2012	1,020	88.8%	13	1.1%	116	10.1%	－	－	1,149	10
2013	969	90.1%	8	0.8%	98	9.1%	－	－	1,075	13

（注）鉄道踏切設備基準の改定により 1994 年２月１日から第４種踏切は第３種踏切と統合。

（出所）『国土交通統計年報』各年版

接触した事故」のことをいう。

韓国における踏切事故は、表Ⅴ―5が示すように、モータリゼーションが本格化した一九七〇年代から増加しはじめ、一九九四年には３１０件に達した。その後、一九九〇年後半からは急激に減少を始めている。特に二〇〇〇年以降の減少が顕著で、二〇〇四年には39件となり、二〇一〇年には20件をきり、二〇一三年は13件となっている。踏切の立体交差化の進展や在来線の改良建設事業などによって踏切の数が減少したこと、また、踏切の保安対策が強化されてきたことが事故の減少につながったと考えられる。これに伴い、踏切事故による死傷者の数も、二〇〇四年の50名から二〇一二年には13名に激減している。

最近5年間（二〇〇九〜一三年）に発生した踏切事故は、すべて第1種踏切で発生しており、第2種及び第3種踏切では事故は発生していない。ここ5ヵ年平均の車種別の踏切事故の発生状況をみると、乗用車8・0件（54・1％）、貨物車3・0件（20・3％）、バイク1・6件（10・8％）、ワゴン車1・2件（8・1％）、耕運機0・6件（4・1％）、バス0・4件（2・7％）となっている。

ところで、前述したように、韓国の踏切事故には人との接触、換言すれば歩行者事故は含まれていない。そこで、踏切における最近の歩行者事故の件数ならびに死者数を別途みておくと、二〇〇八年24件（死者4名）、二〇〇九年20件（死者4名）、二〇一〇年17件（死者3名）、二〇一一年14件（死者4名）、二〇一二年9件（死者4名）となっている。日本では、踏切事故の中に歩行者の事故も含まれていることから、これらの事故件数を上記の踏切事故件数に加えてやると、二〇〇八年47件、二〇〇九年40件、二〇一〇年34件、二〇一一年28件、二〇一二年19件となる。

面積、鉄道営業キロや道路延長距離、自動車保有台数、鉄道の運行頻度が大きく異なるので日本との単純な比較はできないが、とりあえず実数だけを示しておくと、韓国の踏切数は約1800、日本のそれは3万4000である（二〇一二年）。一方、韓国の踏切事故件数は上記のとおり年間20～30件、日本は約300件である。いずれの国も踏切数の約1％に相当する数の踏切事故が発生していることになる。

◆踏切事故の原因

踏切事故の95・9％は通行者によるもので、踏切係員によるものは4・1％にすぎない。つまり、踏切事故のほとんどは、通行者側に原因があるということになる。

表Ⅴ―6は、その詳細を示したものである。最近5年間平均の踏切事故の発生原因を見てみると、通行者による事故は、遮断機が降りているのに一時停止を無視して進入して発生したもの8・0件（54・1％）、遮断機が完全に降りているのに踏切に進入・迂回して発生したもの3・8件（25・7％）、踏切内で通過が遅れて発生したもの1・4件（8・1％）、その他0・6件（4・1％）などとなっている。このほか、踏切係員の勤務怠慢を原因とするものも数は少ないが発生している。

なお、踏切保安設備の故障による事故は、最近5年をみると一件も発生していない。

表Ⅴ－６　踏切事故の原因別発生状況

（単位：件）

年度＼原因	通行者					踏切係員	安全設備	計
	一旦停止無視横断	踏切保板離脱	遮断機突破／迂回	踏切通過遅滞	その他	係員勤務怠慢	安全装置故障	
5カ年平均	8	0.6	3.8	1.2	0.6	0.6	-	14.8
2013	7	1	2	2	-	1	-	13
2012	3	-	3	1	1	2	-	10
2011	6	-	7	1	-	-	-	14
2010	12	1	4	-	-	-	-	17
2009	12	1	3	2	2	-	-	20

（出所）『国土交通統計年報』各年版

◇踏切の安全対策

韓国では、踏切事故は一九六〇年代末から、モータリゼーションの進展と軌を一にして増加するようになった。そのため一九七三年に「踏切改良促進に関する法律」（一九九七年改正）を制定し、政府主導で踏切の構造改良事業を推進するようになった。

踏切の究極の安全対策は、踏切をなくすことである。この点で特に効果を上げたのが、「踏切改良促進に関する法律」に基づく踏切の立体交差化である。立体交差化の推進によって一九七〇年に２５９９箇所だった踏切数は、二〇一三年には１０７５箇所へと減少した。

このほか、保安施設の新設・改良などの踏切改良事業や、市民に対する積極的な啓発・広報活動が併せて推進された。その結果、前述したとおり、それまでピーク時には年間３００件近く発生していた踏切事故は、一九九〇年代半ば頃から急速に減少していった。踏切の構造改良の推進が、踏切事故の防止に大きく寄与したのである。

現在、立体交差化の費用は、鉄道施設管理者が75～50％、踏切が所在する当該地方自治体が50～25％を負担する仕組みとなっている。韓

表Ⅴ－7　踏切立体化の推進実績

年度	箇所	年度	箇所	年度	箇所	年度	箇所
1979	15	1988	13	1997	16	2006	12
1980	27	1989	15	1998	49	2007	15
1981	10	1990	21	1999	19	2008	15
1982	7	1991	10	2000	56	2009	14
1983	15	1992	14	2001	63	2010	11
1984	14	1993	11	2002	25	2011	10
1985	31	1994	8	2003	16	2012	9
1989	73	1995	16	2004	n.a.	2013	8
1987	52	1996	7	2005	15	2014	8

（出所）『国土交通統計年報』各年版

国でも、近年、地方自治体の財政状態は悪化している。そのため、立体交差化があまり進んでいないのが現状で、最近の実績をみると、表Ⅴ―7のとおり年間10箇所程度しか着手されていない。

踏切をより安全なものにするためには、第一に、国の鉄道予算の中で踏切改良予算を拡充し、地方自治体へも補助を行う仕組みをつくることが必要である。

第二に、踏切保安設備の改良を推進する必要がある。すなわち、踏切障害物検知装置や踏切支障報知装置などの改良や新設の促進である。特に踏切事故のリスクの高い農村地域における踏切の改良が急がれる。

第三は、踏切安全教育の強化である。踏切事故は、鉄道事業者の対策だけでは減らすことはできない。踏切を利用する歩行者や自動車ドライバー側のルールの遵守が不可欠である。そのためには、踏切安全教育や啓発活動の推進が必要である。自動車教習所における教習内容の見直し、ドライバーに対する事故写真の公開や死亡事故の周知、事故が頻発している踏切への警告表示板の設置などを強力に進める必要がある。

VI

運転士にとって踏切とは

乾《いぬい》　和代（ＪＲ西日本電車運転士）

1　運転士の仕事

◇運転士の仕事

鉄道のもっとも大事な使命は、お客様に安心してご利用いただき、安全に目的地までお送りすることだ。鉄道には多くの業務・職種がある。車両や線路、架線など様々な設備を整備・保守する作業員、駅係員、車掌、関連協力会社の社員などのチームワークのもと、私たち運転士は安心して安全に列車を運転することができる。

鉄道の利用者の目に触れることは少ないが、運転士には、単に列車の運転だけでなく、出区点検（列車として走行する前に異常がないかを確認）や車両故障発生時の応急処置などの重要な仕事がある。運転免許は国家資格であり、国の省令に基づいて養成が行われている。机上での研修や見習いとして技能訓練を受け、国家試験に合格し、運転士として乗務するまで約1年かかる。筆者が勤務しているＪＲ西日本の場合、ほとんどの運転士は駅と車掌の勤務をしたうえで運転士職に就いている。私の場合も、二二歳で入社し、1年の駅勤務、2年半の車掌勤務を経て、二七歳のときに運転士になった。

表Ⅵ－１　運転士ある月の勤務表（2014年）

月	火	水	木	金	土	日
	1 休日	2 9:20 勤務開始～ （泊まり）	3 ～8:46 勤務終了 非番	4 休日	5 日勤 10:00～ 18:00	6 12:22 勤務開始～ （泊まり）
7 ～12:05 勤務終了 非番	8 休日	9 14:07 勤務開始～ （泊まり）	10 ～12:19 勤務終了 非番	11 休日	12 11:50 勤務開始～ （泊まり）	13 ～11:19 勤務終了 非番
14 10:49 勤務開始～ （泊まり）	15 ～10:34 勤務終了 非番	16 休日	17 休日	18 日勤 10:45～ 21:38	19 日勤 7:26～ 15:29	20 12:21 勤務開始～ （泊まり）
21 ～11:18 勤務終了 非番	22 休日	23 休日	24 12:14 勤務開始～ （泊まり）	25 ～11:18 勤務終了 非番	26 9:07 勤務開始～ （泊まり）	27 ～8:41 勤務終了 非番
28 休日	29 休日	30 15:27 勤務開始～ （泊まり）	31 ～12:05 勤務終了 非番			

（注）非番とは、２暦日にわたって１勤務をする場合に出番の翌日に付与されるものをいう。

運転士の勤務には「泊まり勤務」と「日勤」がある。泊まり勤務とは仮眠時間を含み2日にわたって乗務する勤務形態、日勤とは1日で乗務が完結する勤務形態をいう。平均して1カ月に8〜9回の泊まり勤務、2〜3回の日勤というパターンで仕事をしている。おそらく、大都市圏内を営業エリアに持つ大手鉄道会社の運転士の場合は、こうした勤務形態が一般的だと思う。

表Ⅵ―1は、私の二〇一四年のある1カ月の勤務表である。1回の勤務につき、列車の時間に合わせて分単位で出勤時間や退出時間（勤務終了時間）が決められている。例えば、24時制で11時50分に出勤し、翌日の11時19分に退出するといった泊まり勤務の場合、途中に数回の休憩時間、夜には仮眠をとることができる休養時間が設けられている。

列車の時刻表は5秒単位で記載されており、運転士は常に時間と隣り合わせで乗務している。また、泊まり勤務と日勤が不規則に繰り返されるので、一定の生活リズムをつくることが難しい勤務形態にある。さらに、急な体調不良や列車ダイヤの遅れなどの発生により交代運転士が必要となった場合、待機している者や、非番や休日の者が急きょ乗務することがある。こうした勤務形態にあるため、運転士は時間管理や体調管理など自己管理が極めて重要である。

◆ありがとうの声

運転士は、駅や車掌の仕事に比べるとお客様と直接接する機会は少なく、勤務時間中のほとんどは運転席や詰所で過ごしており、一人でいる時間が多いのが特徴である。しかし、接客する機会は少ないが、お客様から「ありがとう」の声をかけてもらうことがある。とても嬉しく、歓びも感じ、この仕事をしていてよかったと思う瞬間である。また、よくホームで小さな子ども達が手を振ってくれることもある。これも本当に嬉しく、励みとなる。

私が勤務しているJR西日本には、他の職場の社員への「ｇｏｏｄ　ｊｏｂカード」というものがある。社員個人に手渡しされるので、普段顔を合わせることのない社員であっても感謝の気持ちを伝えることができる。私もこれまで、車掌から、後部確認（車掌がドアを閉める際に運転士の目線から後方に異常がないかを確認すること）をしてくれてありがとうといった「ｇｏｏｄ　ｊｏｂカード」をもらったことがある。これは、モチベーションの向上につながるものだ。円滑なコミュニケーションは人をつなぎ、心をつなぐ。お客様との出会いを大切にするとともに、職種のちがう社員同士の交流を大事にしながら、日々電車を運転している。

2　安全な運転

私自身、就職する前は、鉄道は安全な乗り物で、安全であるのは当たり前のことのように思っていた。しかし、この職に就いて、安全に列車を走らせるには、また、一つの工事を安全に行うには、多くの人の手が関わっていることを知った。関係者の一人でも気を抜いてしまったり、憶測で仕事をしてしまったりすると、安全は実現できず、事故につながってしまうことが分かった。

鉄道の現場では、日々さまざまな安全対策、保安設備の改良などが進められている。それらは、事故の原因の大半を占める社員のヒューマンエラーの防止に役立っているが、最後の砦は私たち一人ひとりであると思う。人の手で安全運転を実現していることを忘れてはならないと常々思っている。

ところで、運転士として安全な運転をするために日々心がけていることを挙げるとすれば、迷わず止まること、そして衝動を少なくすることの二つである。

鉄道の現場には多くのリスクが潜んでいる。列車火災が発生したときには停止する場所を考えて止まらなければならないが、それ以外のほとんどの場合、例えばホームや踏切などで異常を発見したとき、周囲の列車から異常を知らせる信号を受信したとき、その他視線の先に何かおかしいと感じたときなど、とにかく躊躇することなく列車を止めることが安全の確保につながる。

もう一つは、衝動の緩和である。お客様に少しでも快適に利用していただくために、減速や停車時のブレーキによる衝動、発車するときの衝動をできる限り少なくしようと心がけて運転している。運転士は自らブレーキを扱うので衝動に対して備えができているが、お客様はそうした衝撃を予測し、予め心構えをすることはできない。そのために、余計な衝動や強い衝動を与えないよう運転することが必要なのだ。

また、ときには列車がやむをえず停止したり、運転を見合わせたりすることもある。そうした際、お客様は不安や苛立ちを覚えられることもあると思う。運転再開するまでのスピードや関係箇所との連携には、まだまだ改善すべきところがあるのも事実である。運転士も関係箇所へ状況を的確に伝えることや車掌と役割分担を明確にすることなど、早期運転再開に心がけている。さらに、長時間、列車の運転を見合わせる場合には、車掌や駅からの情報提供を確実に実施することも重要だと考えている。

二〇一一年三月の東日本大震災以降、大規模な自然災害からの鉄道の防護が一段と重要視されるようになってきている。これも鉄道の安全を確保する上で大きな課題である。列車火災や地震・津波などで避難が必要な場合には、乗り合わせたお客様の協力も得ながら、安全な避難を実現しなければならないと思っている。

3　踏切と運転士

◆踏切と運転士

運転士にとって踏切は、安全運転のために外部からの線路内立入りを防ぎ、秩序ある交通を維持するために重要な施設である。しかし、ルール・マナーが守られずに無理な横断が行われたり、トラブルが発生した場合には、重大な事故が起こりかねず、いつも細心の注意を払って通過している場所である。

運転士が踏切の異常を発見し、非常ブレーキをかけたとしても列車が停止するまでには相当な距離が必要となる。踏切事故が起きると、言うまでもなくそこを通っていた通行者は大きな被害を受けるが、列車内のお客様や運転士も身体的・精神的ダメージを受ける。実際、精神的にショックを受けて運転ができなくなって運転士を辞めた者や、自動車と衝撃して「むち打ち症」になり運転士の仕事を続けられなくなった同僚もいる。

一般の市民が立ち入ることができる鉄道施設は、主として駅のホームと踏切の二つである。そこ

大阪市のＪＲ京都線・東淀川駅にある踏切と踏切係員。自動化されているため、実際に人が扱っているのではなく、列車や歩行者の監視を行っている（安部撮影）

には列車と人・自動車との接触というリスクが絶えず存在している。それでは、運転士にとってどちらがよりリスクの高い箇所として認識されているのだろうか。

それはそれぞれの運転経験のなかでの体験に起因して、運転士ごとに異なると考えられる。例えば、駅通過時に人が線路内に飛び降りるなどの人身事故を経験した運転士は、ホームの停車時や通過時により注意を払っているだろう。一方、踏切直前横断や遮断棒が下りているのに進入してきた通行者や自動車に遭遇したことのある運転士は、踏切通過時により注意を払っているように思う。

踏切では、自動車だけでなく、自転車などと衝突した場合にも列車が脱線してしまう可能性がある。列車が脱線すると、お客様をも巻き込む大事故へつながるという点で、そこには駅ホーム以上の危険性があると言える。また、踏切は、左右どちらからも線路内に進入できることや、異常を知らせる信号機（特殊信号発光機）が数多く設置されている箇所があるなど、注意の対象が駅ホームと比べて広範囲に渡り、より集中力を求められる場所でもある。特殊信号発光機というのは、本書の他の箇所でも説明されているが、踏切非常ボタンが押された場合や、踏切障害物検知装置（踏切の遮断棒が降りているときに踏切内に自動車などが立ち往生していることを赤外線により検知する装置）が動作した場合に、赤色灯が点滅し、運転士に緊急事態を知らせる設備のことをいう。

踏切非常ボタンが押されたとき、踏切障害物検知装置が検知したとき、遮断棒が完全に下りていない状態のときなど、運転士に異常を知らせる信号が点滅し、運転士は非常ブレーキをかける。一人の運転士がこの信号を発見する頻度は、地域や踏切設備の状況、交通量などによって大きくばらつきがあるが、多いところでは1日に2回以上発見する場合もある。大阪都市圏を運転する私の場合、これまでの経験からいうと、月に3回程度、言い換えれば私の勤務は月平均20日なので6～7日に1回程度発見するという頻度になる。

これまで駅や車内で「線路内に人が立ち入っているため遅れております」という案内放送を聞かれたことがある方も多いと思う。運転士の視線の先の線路内に自動車や人がいるということは、事故につながる緊急事態であり、自分の列車を非常停止させるとともに、周囲の列車をも緊急停止させる手配を取らなければならない。特殊信号発光機の動作だけでは、それは自動車が踏切内に閉じ込められたことによるものなのか、または無理な横断によるものなのかは区別できない。運転士は、いつも特殊信号発光機が動作してほしくないという思いと、異常を知らせる信号の点滅を発見した場合には直ちに非常ブレーキをかけ、あらゆる危険に対処するという心構えをもって運転している。

第1種踏切、第3種踏切とは違い、警報機も遮断機もない第4種踏切や勝手道（沿線住民が踏切以外の箇所を勝手に横断している箇所の通称。一般には勝手踏切と呼ばれている）は、通行者にとっても運転士にとっても最も注意を必要とし、最も危険な箇所であると言える。これらの箇所は、地元の住民にとって生活道路の一部となっているということは十分に分かるが、運転士の目から見ると第1種踏切に比べると無理な直前横断も多く、事故のリスクは非常に高い。第4種踏切や勝手道に対する運転士側の対応として、気笛を鳴らす、非常ブレーキをかけるといった対応はできるが、カーブや高架の先にあった場合、直前まで異常に気づくことできないのが現状である。

このように運転士にとって踏切は、ルール・マナー違反や立ち往生など非常事態が起きた場合には事故に結びつく可能性があるため、相当の注意を払わなければならない対象である。

◆踏切通過時の筆者の体験

これまで4年の運転士経験のなかで、踏切通過時に直前横断を目撃したこと、踏切非常ボタンが扱われていたこと、踏切障害物検知装置が動作していたことなどの異常事態に出くわしてきた。ここでは、そのなかで私自身がヒヤッとした体験を二つ紹介しておきたい。

まずは、踏切の200メートルほど手前で直前横断を目撃した体験である。200メートルというのは、時速120キロで走行している列車であれば約6秒後に到達する距離である。運転席からその通行者を見つけたとき、遮断機は閉まっていた。筆者には、通行者は列車が来ることに気づいたうえで、急いで渡れば大丈夫だろうと判断し横断していたように見えた。

多くの第1種踏切には特殊信号発光機が整備されている。この踏切には、踏切障害物検知装置が整備されていなかったので、特殊信号発光機は動作しなかったが、通行者に気付いた筆者は直ちに非常ブレーキをかけた。結果的には、列車が通過する前にその通行者は踏切を渡り終えていたため、事故にはならなかった。

踏切には列車がどちらの方向から来るのかを示す列車進行方向指示器が設置されているが、複線区間では両方向からほぼ同時に列車が来る場合もある。また、列車はまだ遠くにあると感じられても、通行者が列車は加速しているのかブレーキがかかっているのかまでの判断を行うことは難しい。先述したように、列車はすぐには止まれないということを、通行者は是非理解してほしい。

もう一つの体験は、悪質ともいえる直前横断だった。駅に停車中、すぐ目の前にある踏切の遮断棒が下り、まもなく駅を発車しようとした際、遮断棒を手で押し上げ、横断する通行者を発見した。発車を見合わせ、警笛を鳴らしている間にその人物は渡りきった。「悪質」との表現を使ったのは、その踏切には踏切障害物検知装置が設置されており、通常ならばこのような無謀横断を試みた場合、同装置が検知する。しかし、その通行者は、同装置が検知しないルートを通り横断しており、検知装置の仕組みを熟知しているように見えたからである。このケースの場合も、幸い列車は駅に停車中であったこと、単線行き違い列車もすでに通過していたことにより、事故にはならなかった。

このように、警報機・遮断機があるからといって、また、踏切障害物検知装置や踏切非常ボタンが整備されているからといって、事故の発生が完全に抑止されているということではない。踏切では列車との接触や衝撃だけでなく、他の通行者や自動車との接触事故も発生する。踏切は、このように大きなリスクがあるということを重ねて指摘しておきたい。

4　踏切事故を減少させるために

踏切事故を減らすには、立体交差化などにより踏切を無くしていくことが根本的な対策となる。しかし、ただちにすべての踏切を立体交差化することはできない。そのため踏切の改良が必要となる。ＪＲ西日本では、特にリスクが高いと考えられる踏切には、３次元レーザーレーダ式障害物検知装置（踏切内を一定の空間として監視する装置）を導入しており、今後も導入の拡大が必要だと思う。また、ＡＴＳ―Ｐ（改良型自動列車停止装置）の機能を用いた踏切警報時間制御装置も普及してきているが、警報音が鳴り始めてから遮断機が下りるまでの時間を列車速度や停車種別だけでなく、交通量、過去の踏切事故数などから見直すことも重要だと思う。

第４種踏切や勝手道に関しては、廃止するとそれを使っていた周辺住民にとっては生活上、不便になる場合もあり、すぐに廃止することは困難であるため、継続して通行者への注意喚起を徹底しなければならない。

踏切事故の半数以上は、無理な直前横断によるものである。したがって、踏切事故を減少させるには設備の改良だけでなく、通行者の協力も不可欠である。駅に停車中、すぐ前の踏切の警報機が鳴り始めているにもかかわらず、急いで渡り始めようとしている通行者を見かけることがある。停車列車の場合はまだしも、その駅に停車しない通過列車だと、かなりの高速で踏切に到達する。通行者が考える以上に、警報機が鳴り始めた踏切は危険なのだ。運転士が無理な横断に気づき、非常ブレーキかけると、お客様は急停車による衝撃でケガをするといったリスクもある。

通行者の皆さんには、①警報機が鳴り始めたり、踏切の先が詰まっているような状況になっていれば、「大丈夫だろう」との主観的な判断はせず、絶対に踏切に進入しないこと、②警報機・遮断機のない踏切では特に左右の安全を確認して通行いただくこと、③自動車を停車させる際には踏切内にはみ出さないようにしていただくこと、以上の3点を是非ともお願いしたい。

やむを得ず踏切内で異常が起こった場合に対処するために、警報機の近くに踏切非常ボタンが設置されている。このボタンを押すと列車の運転士に異常の発生を知らせることができる。自らが立ち往生したときや、踏切内が危険な状態になっている場面に居合わせたときは、一瞬の迷いや判断の遅れが大事故につながるおそれがあることから、躊躇することなく踏切非常ボタンを押していただきたい。そして、踏切非常ボタンを押した後、踏切内に異常がなくなった場合でも、運転士や駅係員が現場に駆けつけるので、必ず押したときの状況を伝達いただきたい。

踏切に関するルールや通行上のマナー、トラブルに遭遇してしまったときの対応などの啓発活動はまだ不足しているように感じる。筆者の職場では運転士自らが小学校に出向いて、授業の中で踏切を含む鉄道利用時のマナーの啓発活動を行わせてもらっている。最近、踏切で立ち往生するなど、高齢者の事故が目立つようになっている。今後は、小学校に加えて介護施設や老人クラブなどでの啓発活動も広まれば、高齢者の皆さんに踏切をもっと安全に利用していただけるのではないかと思う。より多くの学校や、企業、自治体などで啓発活動が広がり、踏切事故防止の思いが社会全体に浸透していくことを強く願っている。

VII

踏切を考える
——現役運転士座談会

司会：安部誠治（関西大学社会安全学部教授）、小林彩（高文研編集部）
出席者：高橋明義（ＪＲ西日本尼崎電車区・運転士歴27年）、福嶋眞澄（尼崎電車区・同35年）、豊留利明（京都電車区・同21年）、藤尾守（奈良電車区・同34年）、溝口郁夫（元大阪電車区・同21年）、柳井良之（奈良電車区・同20年）、川端康成（米原列車区・同21年）、井谷清（京都電車区・同15年）、清水勝己（大阪電車区・同21年）、辻敦則（京都電車区・同33年）、立脇正義（金沢列車区・同28年）、有田仲一（京橋電車区・同22年）、加藤寛雅（京橋電車区・同22年）
以上13名
（二〇一四年一一月一九日に大阪市内で開催）

小林　二〇一四年のことですが、踏切事故で亡くなった方の遺族に、鉄道会社からいきなり請求書が送られてきた、ということを新聞記事で読みました。また、私自身、複数の鉄道が走っている、二〇一三年に踏切事故が起こった地域で育ちました。以前にも同じ踏切で事故が起こっていたのですが、なぜ今も踏切事故が起こるのか、と本を企画して安部誠治先生に相談して、今回の運びになりました。
　いろいろ調べたところ、日本は特に踏切の数が多いということがあったり、列車の運行本数が多かったりということで事故が起こりやすい、と分かってきました。本日はＪＲ西日本で電車の運転士をされているベテランの方々にお集まりいただきました。

まず皆さんから見て、踏切とはどんな場所なのでしょうか。踏切がないところの方がやはり走りやすいでしょうか。

◆運転士から見た踏切の緊張感

高橋　私は運転士になって二七年になります。もちろん踏切のないところの方が、走りやすいです。

小林　それは、どういう理由からでしょうか。

高橋　直線なり曲線なり線路は、自動車と違ってハンドルを切って逃げる、ということができないですよね。ホームもそうですし、踏切もそうですが、人が立ち入れる場所は、運転していてどうしても緊張します。私が運転している線区の一つに大阪環状線があります。全線高架なので、駅のホームを除いて人が立ち入ることができるところはありません。その分、運転していて余分な緊張感はありません。ところが、高架になっていない通常の在来線では、人や自動車が通る踏切があります。それらと接触するというリスクがありますので、絶えず緊張感を持って運転しています。

辻　私が運転している路線の一つに、琵琶湖の西側を走っている湖西線というのがあります。湖西線は、在来線としてはめずらしいのですが全線が高架で、踏切はありません。ここは環状線と違って、最高速度が１３０キロ。高速の線区ですが、踏切がないというだけで、気持ち的にはやっぱり楽です。
　今は車両も新型になって、ブレーキ性能が向上して、１３０キロで走っても規程で定められた距離で余裕をもって停止できます。数年前まで、古い特急列車の最高時速は、踏切のある線区は１２０キロでした。ところが、湖西線は踏切がないということで、１３０キロで運転できる特例の規程が設けられていました。そういう点でも、やはり踏切は、われわれ運転士にとって、ある意味プレッシャーになっている、と思います。

清水　私も、やっぱり踏切というのは神経使うところですね。

藤尾　踏切では、単車とか通行人が突然入ってくることがあります。緊張感がものすごく高まるというか。踏切は無い方が良いですね。

井谷　私が運転している奈良線に、木幡《こはた》という駅があるのですが、そこは、駅のホームの目の前に踏切があります。あるとき、遮断機が下りているのに女性がゆっくり堂々と歩いているんですね。電車を出発させるために、注意喚起をしようと警笛を鳴らすと、その女性ににらみ返されました。私の方が何か悪いことしたのかな、と少々凹みました。踏切を通行する人は、踏切の渡り方について、もう少し理解していただきたいです。

　ローカル圏には、いわゆる勝手踏切というのがあります。正規の踏切ではなくて、周辺の住民の人たちが、生活道の一部として使っている箇所です。安全確認をしないまま、線路を渡る高齢者が多くて、それがものすごく怖いですね。

藤尾　目の前を突然横切られると、寿命が縮まるというか、本当に怖いですね。

小林　怖いというのは、通行している人は本当に渡りきれるだろうか、という感じを抱くということですか？

藤尾　横断する人は渡りきれると思っていると思うのですが、私たち運転士側は、電車のスピードも上がってきていますから、渡りきれないのではないか、と不安になるということです。

◆スピードアップと踏切制御

高橋　電車の速度が上がって、一方で踏切の遮断時間を少しでも短くしたいということで、最近はＡＴＳ－Ｐという装置で、踏切制御をしています。今までその装置がついていないときは、早く踏切が閉まっていたのが、今は踏切が閉まるのが少し遅くなっています。遮断時間を少しでも短くしてほしいというのが踏切を通行する人たち多数の声なのですが、そうすると高齢者などが渡りきれないという、新しい問題も起きています。

安部　遮断機が下りているのに渡っているということですが。

高橋　これまででしたら、もっと早く遮断機が下りていたのですが、ＡＴＳ－Ｐで制御をしてい

るために、始動が若干遅いんですよ。最終的には、踏切に列車が到達するまでには確かに閉まります。しかし、四線区間（複々線区間）で、大きい踏切になると、高齢者や車イスの人は渡りきるのが難しい場合もあります。そうすると、人などを感知して特殊信号発光機（特発）が回ります。特発が回ったら、運転士は非常ブレーキをかけます。踏切を遮断する時間を少しでも短くしようとして新たに入れた装置が、踏切のリスクを高めている側面もあるということです。

小林　特殊信号発光機というのは？

高橋　踏切の手前にある筒型や菱形の形をした装置で、普段は消灯しているのですが、踏切の中で車などの障害物を感知すると、いきなり赤く点灯します。運転士への「止まれ！」という指示で、運転士はそれを見ると、非常ブレーキをかけて列車を止めます。特発が付いているのといないのでは、運転士は対応も違うので、緊張が高まります。

◇「賢い踏切」とATS―P

小林　今までと言うのは、どのくらい前からですか。ATS―Pが入ったというのは。

福嶋　近畿圏に入り始めたのは一九九〇年代からです。ただ、普及するまでかなり時間がかかっています。二〇〇五年の福知山線事故のとき、同線には入っていませんでした。それで、脱線事故が防げなかったということがあります。

高橋　ATS―Pが入ってから、電車がここのポイントを通過したら、踏切の遮断機が下り始める、という始動点が少しずつ変えられていますね。例えば、駅の直後に踏切のある京都線の摂津富田駅では、お客さんが乗り降りを終えて出発するときでも、まだ踏切を人や車が渡っている状態で、列車が通れるようになってない。前はそんなことはなかったです。

辻　いわゆる「賢い踏切」ってやつですね。導入が始まってどれくらいかな。

豊留　まだそんなに古くはありませんよ。

※賢い踏切：二〇〇五年の東武線竹ノ塚踏切踏切事故を契機に、踏切問題が再び注目されるようになり、国土交通省が打ち出したのが「賢い踏切」の整備である。正式には、「速効的に踏切遮断時間の短縮を図る踏切遮断機」のことを指す。

安部　高橋さんが言われたのは、「賢い踏切」が入ったことで、踏切の開いている時間が長くなり、安全上、問題点が生じているということですか。

辻　「賢い踏切」関係の保安装置についていえば、ATS―PのICカードが車輛側に付いてますから、駅の向こうに踏切がある場合、停車の情報を出しながら走ります。だから、駅を行きすぎて、踏切まで行ってしまいそうだというときには、自動的にブレーキがかかります。このように、データを読み込んで踏切が動きますから、その点はあまり心配する必要はないと思います。もちろん、ATSが故障する場合もありますから、絶対安全というわけではありません。

豊留　「開かずの踏切」と言われているところを、ちょっとでも遮断時間を短くしようということで、導入されたのが「賢い踏切」です。

辻　停車列車に対する遮断時間と通過列車に対する遮断時間、この二つはちょっと別の話になります。遮断時間が短くなると言うことは、閉まるのが遅くなりますから、通過列車の場合、遮断機が閉まってから踏切に到達するまでの時間が短くなるということになります。余裕がなくなったと言ってもよいと思います。

安部　みなさんの評価では、「賢い踏切」が出来て、総合的にみて踏切の安全性はどうなったとお考えですか。

辻　「開かずの踏切」であるがための無謀横断が、つまり長時間閉まっているために無理に渡っている人が多かった踏切の状態が、だいぶ改善されたと思います。

数名　そうですね。

◆四線区間の踏切での高齢者の横断

藤尾　長い踏切の場合だと、高齢者などは渡りきれなくて取り残されるということもあります。

安部　今言われたような踏切、高齢者が渡るのがしんどい踏切は、例えば京都線や神戸線では、何カ所くらいあるのですか。

豊留　多いですね。四線区間というのは、だいたいそうです。

辻　神戸駅、兵庫駅から西へ行きますと、西明石駅までだいたい列車線と電車線が別々の線路を走りますからあまりないのですが、兵庫駅から東へ行って京都駅あたりまでは多いです。

安部　「賢い踏切」が入って、開閉時間がこまめに調整できるようになって無謀横断を抑止することにつながったけれども、開閉時間が短くなったために、高齢者などが渡りにくくなった面もあるということですか。

藤尾　手押し車を押している人など、車輪が小さいから、線路のところで立ち止まったりする場合もあります。これは恐いですね。

小林　滋賀の長浜でそういった事故が起こっていますね。

※二〇一四年一〇月二四日、午前10時20分ごろ、滋賀県長浜市木之本町木之本のJR北陸線の木ノ本踏切で、ハンドル形電動車イス（シニアカー）の男性が和倉温泉行き特急「しらさぎ3号」にはねられ死亡した事故のこと。

立脇　シルバーカーですよね。似たような事例は、ほかにも二、三聞いたことはあります。

安部　この5年くらいの期間で、踏切で立ち往生した高齢者に遭遇したという体験をされた方はいますか。

井谷　奈良線に桃山という駅があって、そういうことがありました。高齢者の方はどういうわけか、バックしないんですよ。踏切が閉まりかけたら戻ればいいのに、必ずといってよいほどバックしない。

高橋　私も経験があります。

安部　頻繁に起こることではないけれど、皆さん経験している？

井谷　踏切の幅が広いせいもありますね。単線でも、ホームが三本もあるところは、駅の前後にある踏切は、幅が広いんですよ。

柳井　一週間ほど前に体験したことですが、奈良線で奈良から京都まで時速90キロくらいで快速を運転していました。カーブになっている踏切のところだったのですが、遮断棒のところに人影がみえました。女性の高齢者で、危うく人身事故を起こしかけました。渡ろうとしていたのか、横断してきて渡りきれなくて遮断棒の内側に閉じ込められたのかは分からなかったのですが、非常ブレーキをかけました。高齢者が踏切内に取り残されると、その横を高速で電車が通過したら巻き込まれることもありますので大変危険です。

藤尾　若い人ならさっとその場を離れますけど、高齢者だと一瞬立ち止まる人が多いですね。

柳井　注意喚起のために汽笛を鳴らすと、高齢者の中にはビックリして動きが止まってしまう人もいます。踏切の路面って、がたがたになっているところもありますよね。そういう踏切は、高齢者や車イスの人にとっては歩きにくい、と思います。

清水　自転車に乗っている人とか、ベビーカーを押している人とかもね。

柳井　踏切の外にいる通行人が閉じ込められた人を手助けするとかいうのも、ちょくちょくありますね。

清水　別の話題なりますが、道路構造の問題もあります。踏切のすぐ先にある道路の信号が赤で、車がつかえていて、列の最後の車が踏切内に残っていて、特発が回ったことがありました。

◇夜、恐いのは蒸発現象

安部　視認性の関係で、昼夜別でいうと、夜の方が事故が起こりやすいというようなことはあるのですか。

福嶋　昼夜はあんまり関係ないと思います。

高橋　夜だと、通行する側も電車の灯りでよく分かるから、通行する側がこっちの電車を見つけやすいというのはあると思います。

辻　夜の方が、通行者も減ってきますし。

清水　私は、夜の方が怖いです。昼間だったら踏切内の様子がはっきりと見えますが、踏切で赤が点滅した場合、それが特発の明かりなのか、踏切の赤の点滅なのか、はたまたパトカーの点滅なのか見分けにくい。それらが踏切周辺の明かりで消されてしまうこともあります。

福嶋　昔は踏切にだいたい一個くらいしか警報機が付いていなかったのですが、今は三つも四つも付いているところがありますよね。運転士から見ると赤がいっぱい見えるのです。宝塚線が特にそうですね。丸くて、ぐるっとなっている全方位型警報機が入ってきています。

安部　全方位型警報機は、安全上、良いとされているのですが……。

福嶋　福知山事故の線区だということで、宝塚線から付けだしましたからね。

◆踏切の人身事故とヒヤリハット

福嶋　私はこれまでの運転士歴の中で三度、踏切事故にあっています。すべて昼間の事故です。

安部　どんな事故でしたか。

福嶋　二件は、片町線の野崎というところです。ここは、駅の両側に踏切があるのですが、そこの両方で事故にあいました。あともう一件は、宝塚線の北伊丹です。この事故の場合は、亡くなった人は運転席の私の方を見て万歳をしていました。汽笛を鳴らしても何してもだめでしたので、多分最初から自殺するつもりだったのだと思います。こうしたケースの場合、警察の事情聴取もありません。自殺しようとしている人に対しては、運転側では対処のしようがありませんし、踏切の安全装置も役に立ちません。

事故にはならなかったのですが、ヒヤッとした最近の経験をもう一つ。上りの電車を運転していたのですが、下り電車が行ったと思ったら、すぐに人が踏切内に入ってきたのです。汽笛を鳴らしても全く無視です。電車が近づいているのに平気で歩いているのです。もうちょっとで当た

るところでした。

安部　ひょっとすると難聴の人だったかもしれませんね。

福嶋　私もそう思っています。全然、振り向いてくれませんでしたし。

豊留　私も危なかった経験があります。京都線の茨木駅を発車してから摂津富田駅に向かって内側線を運転していました。外側線の特急電車が私の電車を追い越してまもなく、小学生が遮断機をくぐって踏切に入って来ました。びっくりして汽笛をならして、非常ブレーキをかけました。そうしたら、その子は慌てて引き返しました。おそらく特急電車が通過したので遮断棒がすぐに上がると思ったのではないか。まさか、普通電車がすぐに来るなんて、思ってもみなかったのではないかと推察しています。四車線区の場合、特急電車が通過したら、普通電車が入ってくることはままあります。しかし、一本列車が通過したら、次は続けてこないと思い込んでいる通行者も多いと思います。

安部　渡る人の心理からすると、すでに列車は通過したから遮断機が上がるはずだと思い込んで、上がっていないのに入ってしまうということですね。

高橋　くぐりぬけて来ますね。

豊留　電車が走り抜けるのを待っているような感じですね。

◇警笛（汽笛）を鳴らすことの変化

辻　国鉄時代は、上り列車、下り列車、反対列車が行きすぎて、次の踏切に差し掛かるときは汽笛を鳴らして通れ、とそういうような指導を受けていました。かつては、そういうふうな走り方をしました。この先に踏切があるというところで、ちょうど対向列車とすれ違って抜けた、そのときに列車の編成の何両かが残っているうちに、汽笛を鳴らして通過しました。

福嶋　今は、がんがん汽笛を鳴らしたら、苦情が来ますね。

安部　人口密集の都市内でもそうしていたのですか？

数名　どこでもそうしていました。

立脇　国鉄からＪＲに変わってから、しばらくはそのまま鳴らしていたのですが、都市部の方で、騒音に対する苦情が相次いで、あまり警笛を鳴らさないようになりました。私も国鉄時代からの運転士ですけれども、かつては「必ず、対向列車の後部を確認したら汽笛を鳴らせ」という指導を受けていましたし、運転取扱実施基準規程にも書いてありました。今でも、取扱基準規程の中に、「交通の頻繁な通行量の多い踏切に近づいたときには汽笛を鳴らせ」という一項が残っています。

安部　あるけれども、鳴らさない方がいいというような指導になっていると。

高橋　現在も、汽笛を鳴らせっていう項目はありますけど、かなり絞られています。

安部　自動車の運転免許を取るときに、踏切前では必ず一旦停止をしなければならないと、教えられます。仮免の試験のとき、それを怠ると大きな減点になります。免許を取ってかなりの年月になりますが、今でも必ず踏切の前では一旦停止をしています。電車運転士の場合、養成教育の過程で、踏切通過時はこうしなさい、といったような教育が何か行われていますか。

清水　そういうのは一切、ないです。

福嶋　そうです。自分の指導をしてくれた人だとかの経験談を聞く程度です。

安部　確かに運転取扱基準規程にある「汽笛吹鳴条件」（汽笛を鳴らす時）を見ても、「踏切を通過するとき」という項目はないですね。

◇鈴なりの人がいるホームと踏切の比較

安部　神戸線とか京都線とかの、ホームに鈴なりの人がいる駅を通過するのと、踏切を通過するのは、どちらが怖いですか？

福嶋　鈴なりの人がいるホームの方が怖いです。

立脇　踏切は完璧に遮断棹が下りています。下りているということは、原則として踏切内には誰もいないし、車も入り込んでいない。何かあったら特発（特殊信号発光機）が付いてこちらに知らせる。それが付いていないということは、異常が起きていないということになりますから、踏切通過時に特に緊張するということもありません。ホームで、いっぱい人がいるところを、特急で通過しているときはかなり気を使います。

清水　今はかなりの人がホームでスマホを操作しています。イヤホンも付けている人もいるので、汽笛を鳴らしても気づかない。それから、不思議と、ホームの端を歩く人も多い。なので、いつ何が起きるか分からない。階段からホームに下りて来た人が、くるっとまわってUターンするみたいな感じのときがあるでしょう。そのときに通過列車が重なった時は、一番どきっとします。

立脇　通過するときに、前から来るのは、まだ見えているからいいと言ったら変なんだけれど。風圧で巻き込まれるということも起こっていますし。

小林　それはどういう事例ですか？

立脇　北陸線では、特急だと130キロでホームを通過します。当然、汽笛も鳴らしますけれど、高齢者だとか足の不自由な人が風圧で巻き込まれてホームの擁壁と電車との間の狭いところを、ぐるぐるっと巻き込まれて死亡するといったようなケースです。

高橋　滅多に起こることではないですが、ホームでは稀にそういう事故も起こります。

清水　二〇一四年七月に、南草津駅（滋賀県草津市）で、妊娠四カ月の女性が体調不良で倒れ、電車に接触して死亡した事故もありました。

◆運手士も気づかない事故

加藤　3、4年前のことになりますが、片町線の同志社前駅—京田辺駅間を運転していたときです。踏切を通過していたとき、四両目ぐらいに車が横から当たってきた。全く気づかずにそのまま走っていたら、車掌がガタガタという音を聞いて、後ろを振り向いたら、線路上に車が大破しているのが見えたそうです。車掌は急いで非常ブレーキをかけて、電話で知らせてきました。「今、車とぶつかった」と。「ええっー！　うそー！」と思いましたが、そういう事故も稀ですが起きます。

立脇　同じような事故が北陸線でもありました。男性の高齢者が車を運転していて、ブレーキは踏んだらしいのですけれど、力が弱くてオートマのクリープ現象で。

加藤　その事故では、車は大破したのですが、幸いなことに運転していた人は、ケガもしなかったんですよ。

藤尾　私も回送電車を運転していたときに経験しました。回送列車は車掌が乗っていませんから、運転士は気づくことができません。運転している先頭車輌だったら分かるけれど、後ろの車輌だったら自動車に当てられても分かりません。

清水　自分の乗っている車輌でも後ろの方に当たられたら気づきませんよ。

加藤　脱線すれば分かるけど、接触くらいでは気づきません。そのまま行ってしまいます。

◆高齢者や子どもの踏切事故

安部　踏切の事故というと、やはり最近は高齢者が目立ちますか？

立脇　私は、高齢者よりも子どもの方が目立っている気がします。

安部　子どもというのは、四、五歳ぐらいの子ですか。

立脇　小学生くらいですね。

安部　他の方はいかがですか。長大踏切で、高齢者が渡りきれずに立ち往生しているという事例というのは、どのくらいあるのですか。

福嶋　線区や長大踏切のあるなしで違うと思いますが、自分の経験では年に数回程度という感じです。神戸線の尼崎駅—立花駅間は多いですね。

溝口　阪和線も多いです。

有田　渡きれないということもありますが、結果として事故になっていないだけで、遮断機が下りた後の踏切への進入というのは結構多いですね。

◆特殊信号発光機が作動する頻度

安部　特発（特殊信号発光機）が回る経験というのは、月に一度くらいですか？　もうちょっと？

井谷　もう少しありますね。線区によります。一日に何回も回っているところもあります。

高橋　特発が回っているのが常態化しているような踏切もあります。

井谷　高校や大学が近くにある踏切では無理して渡る学生がいますから、よく特発がまわります。

川端　やっぱり四線区間だとか幅の広い踏切は、回る確率が高いと思います。

清水　カーブのところの踏切の前に立っていて、電車が来ないからまだ渡れる、と思って無理な横断をする人もいます。

安部　特発がよく回っているからといって、事故が頻発しているということではないですよね。

福嶋　はい。

安部　踏切事故は現在、年間約300件程度、また死傷者数は200人ぐらいですから、平均すると事故は全国で一日に一件、死傷者は二日に一人出ているということになります。

小林　特発が「回る」というのはどういうことですか？

立脇　赤信号は、「発している」と言いますけど、特発は「回る」と言います。

清水　五角形で五つぐるっと信号があって、それが順繰りに付くわけです。

豊留　工事現場なんかにあるような感じで、左回りにランプが回るように付きます。

◆第3種踏切、第4種踏切について

小林　遮断機、警報機のない踏切というのは、みなさんの運転区間ではあるのでしょうか。

立脇　北陸線に2箇所、第4種踏切があります。支線の七尾線（石川県）にもあります。4種踏切は、人もほとんど通らないので、「汽笛を吹鳴しなさい」という標識のみが立っています。我々は、そこで必ず汽笛をならします。29年運転士をやっていますが、そこの踏切を渡っている人を見たことはありません。

柳井　ＪＲ西日本のほとんどの４種踏切は、幅が狭くて、車は通れません。人や自転車を押してしか通れません。バイクもほとんど無理ですね。

辻　二〇一四年でしたっけ。広島で、介護施設の車が事故に遭ったのが、４種踏切でしたよ。昔の車はエアコンが付いていないから、夏だと窓を開けて走ります。でも今の車は、たばこを吸うときぐらいしか窓を開けて走ることはないでしょう。列車の方は汽笛を鳴らしますが、窓を閉め切った車のドライバーに果たして聞こえているのかどうか。踏切関係の規程ができた時代と、今の時代とは、車のエアコン一つとっても環境が全く変わっています。

小林　みなさんの勤務されている区間の踏切については、必ずしも遮断機・警報機の付いていない踏切の方が怖い、ということではないということですね。人もあまり通らないし、ということですね。

立脇　近畿圏では４種踏切自体が少なくなっているので。本日の出席者が運転している区間の中では、あと奈良線だけかな。

藤尾　奈良線では、農繁期になると軽トラも通ったりします。

◇列車の定時運転について

小林　列車の定時制、時間を守らなければならないというプレッシャーはあるのでしょうか。

立脇　定時運転は、当たり前の話です。「どう守るか」とか、「定時運転するためにどう努めますか」とかって言われても、多分答えは「そんなこと質問する方がおかしいよ」と。

高橋　指導操縦者が見習い運転士に教えるのは、まず定時運転できることです。このように運転をすれば定時運転できる、というために教えます。指導運転士の役割は、まずそれです。

辻　定時運転するのが当たり前で運転士は育ってきたし、いつも当たり前に思って仕事をしています。福知山線の脱線事故以降、良い意味で定時運転ができにくい状況が生まれています。踏切の信号機に異常があったりだとか、お客さんに急病人が出たりだとか、そうした場合に、安全を優先している。そのため、定時運転が確保しにくくなっているというのが現状ですね。会社も列車の遅れをそれほど気にしない、というふうに変わりました。これは良いことで、運転する側としては気持ち的に少し楽になりましたね。

清水　定時運転で、時刻通りの運転を安全に確実に行うのが一番の輸送サービスで、それが仕事だと思っているので、特に定時運転がプレッシャーになっているとは感じません。定時運転のプレッシャーと踏切事故の発生とは全く関係はないですね。

辻　定時運転ができるというのは、事故がないからです。遮断機の下りた踏切で、もし人が立ち入ってきたら、特発が回るのでまず定時運転は無理ですよね。自動車が無理矢理通過して、遮断棹を折ってしまったら、次の列車は徐行しなければなりませんから、定時運転ができなくなります。だから、踏切がなければ、定時運転がしにくい条件が一つ消えるということになります。

定時運転を妨げる要因はほかにもあります。例えば、ホームから人が転落してSOSボタンを押されると、付近の全列車が止まります。車内で急病人が出て、車内非常通報装置が押されると、たちまち定時運転はできなくなります。

高橋　福知山線事故の前は、急病人が出ようがホームからの転落があろうが、そうした事情おかまいなしにダイヤを守れ、ということが一方的に強調されていました。横に係長が乗ってきて、なんで定時運転ができないのだ、ということを教育という形でやっていました。できなければ、それで乗務停止もあり得た異常な時代でした。

辻　福知山の事故後、変わったよな。いいことですよね。示された速度でしか運転してはいけない。一キロたりとも超えるな、というのが今の運転の仕方です。

◇踏切と信号機の連動

藤尾　ところで、踏切と信号機の関係で、信号機と連動されているところと、連動されてないところがあります。

清水　もし信号機と連動していたら、特発を運転士が見逃したとしても、通常の信号機は見ているから止まることができる。

高橋　踏切内に人が取り残されたりすると特発が回ります。これは一個だけではなくて、列車側からみるともっとその手前に、第二というのですが別の信号機があります。つまり、一つの踏切に対して複数の信号機が連動しています。踏切の信号が赤になるということは、もう一つ手前の信号は、注意信号になります。我々は、その注意信号を見て、特発が動作しているのか、踏切に異常があるかどうかを判断します。そして、注意のブレーキをとります。そうすると、危険な箇所の手前に、余裕をもって列車を停止させることができます。

安部　それは大事なことですね。

辻　前の赤信号に対して、手前の信号が注意信号になるということは、前の赤信号に対して、その手前にATSの地上子（列車側の車上子との間で情報を送受信するため、線路に設置された装置）があり、停止信号を発するわけです。運転席のベルが鳴って、放っておくと五秒間で勝手に自動ブレーキになる。これがATSの仕組みです。これが連動しているということです。

◆信号機と特殊信号発光機の違い

辻　我々は、信号機がどこに立っていて、それが何番目の信号機というのは、全部知っていないといけない。ところが、踏切の特発がどこにあるのか、いくつあるかというのは、必要ないから覚えません。普通の信号機は、何番目の信号機か、名前が付いている。全部覚えています。ところが、特発は、どこに、いくつあるというのは覚えなくていい。だいたい踏切の手前には何本かあるやろうなという程度で。赤になって初めて、「あ、点灯している」という認識になります。

清水 夜間に特発が回っているのか、全方位型の警報機なのか、見間違うときがあります。もし信号と連動していたら、信号は「注意」になったり、「赤」になったりするわけですから、見間違うこともないと思います。特発のはるか手前の信号機が赤であれば、その時点で踏切の異常事態を想定しながらの運転に移れるわけです。

立脇 運転士は、普段は特発という信号機を見て運転しているわけではなく、閉塞信号機、出発信号機、場内信号機、つまり「常置信号機」を見て運転しているわけです。ですからその常置信号機が、ぱっと赤になる、黄色になるということは、高橋さんや清水さんが言ったように、前方に何らかの異常が発生している。その異変を感知してブレーキをかけていく。これが運転の流れです。

特発という信号機は、線路に対して右にあることもありますし、左にあることもあります。一方、常置信号機は、必ずと言っていいほど左にあります。それは必ず注視して見ます。「注視」というのは、ただ「見る」のではなくて、「特段の注意を持って見続ける」ということです。これは運転士としての基本中の基本です。

◇常置信号機と特殊信号発光機の連動について

安部　常置信号機と特殊信号発光機の連動が進んでいないというのは、予算的な問題によるものなのですか。

福嶋　定時運転ということがあるのでは。

辻　直前に赤信号になった場合でいうと、列車の前方部は「赤信号」の状態で入りますよね。赤で列車の一部が入ると、指令所とやりとりして、その区間を次の信号機まで時速25キロで異常がないかどうか、確かめながら行かなければならない。これでだいたい5分から10分くらいは遅れます。

安部　そうすると、定時運転の確保上、常置信号機と特殊信号発光機の連動はなかなか進まないということですが。

辻　元々は連動していました。連動していたのに、外されてきたのです。

清水　連動はさせておく方が安全上は良いと思っています。

安部　連動を復活させていくと、列車の遅れが今より目立つようになりますか。

井谷　はい、そう思います。

安部　いつ頃から連動が外れはじめました？

福嶋　本線（四線区間）は3、4年前からではないでしょうか。

安部　踏切の異常を知らせる特発の赤（信号）が回っているところに列車が入るには、手続が要るということでしたが、過去連動していた時代には、どのくらいの頻度でそういうことが起こっていましたか。

辻　踏切も改良されてきましたから、一概にはいえないのですが、近畿圏のエリアで一日一箇所どこかで起こるか起こらないかという頻度です。そんなに起こるものではありません。

高橋　最初に連動を外したのは場内信号機です。まだ残っているのは閉塞信号機です。場内の出発信号機の方が、閉塞信号機よりもっと手続がややこしいです。

福嶋　閉塞信号でも駅の直前にあるような場合は、今でも外されずに連動している箇所もあります。

安部　つまり、連動は外されてきたが、リスクの高いところは、連動が残っているのですね。

小林　閉塞信号というのは？

辻　分かりやすく言えば、大きな駅は、一つの方向から、二つに分かれるようなホームがあるでしょう。これがだいたい「停車場」です。これには入る前は、場内信号機、出て行くときもその先にポイントがあるから、出発信号機が必ずある。それで、大阪環状線を見てもらったら分かるように、例えば、この会場の近くの天満駅は何もないでしょう。これは「停留所」って言います。その区間、停車場と停車場の間というのは、閉塞信号機。停車場を出て、出発信号機を見て、そこから先は、ずっと閉塞信号機。それで次の停車場の手前に、場内信号機。そういうふうになっています。

※ＪＲでは、停車場＝駅・信号場・操車場、停留所＝停車場のうち転てつ機（ポイント）がなく、出

発信号、標識や場内信号、標識もないものを停留所ということがある。

辻　信号機の位置づけで、変わってくるわけです。途中の信号機は、指示があれば赤でも行けます。ところが場内信号機、出発信号機でもポイントが介在するから、下手すると脱線してしまいます。それを防ぐために、ここを赤で入ろうと思ったら、入換合図といって駅の人に旗を振ってもらうか、もうひとつ手信号という方法がありますが、それを見て入ります。要するに、信号機の進入方法をかえなければならない。ものすごく大変な話になるわけです。

◆踏切がないのが一番

立脇　安全を考えると踏切がないのが一番です。

安部　それはそうですよ。道路とは平面交差させないのが一番、究極の安全対策です。

立脇　列車と自動車がぶつかった場合、自動車が負けます。まして生身の人間の体では言うまでもありません。自動車のドライバーの方々には、「道路交通法」を守っていただきたい。歩行者の方々には、時間に余裕を持った行動をとってもらいたいです。

踏切内を含め線路上で起きた事故に対しては、たとえ被害者が亡くなられても、復旧にかかった費用や特急列車の払い戻しを含め、ケースによっては請求が見送られることもありますが、通常は遺族に請求されます。自殺・事故は関係なしにです。しかも、当事者に支払い能力がない場合は、親戚縁者にまで請求が及びます。これは鉄道が専用軌条であること、線路内には遮断棹が下りたら、支障物がないことが前提となっているためです。この点でも、踏切事故が起きると大変です。

我々運転士も、遮断棹が下りていても、待っている自動車や人の動きには注意して運転しています。特に、注意すべき踏切は、細心の注意を払って運転しています。しかし、他の人も言いましたように、踏切は無いのが一番です。今後とも立体交差化などで踏切を少なくしていってほしいと思います。

あとがき

高文研編集部から、踏切の本を企画しているので相談に乗ってほしい、との連絡があったのは、二〇一四年四月末のことだった。踏切の安全問題を扱った類書がほとんどないので、有意義な企画だと思い、ご提案を積極的に受け止めた。その後、どういった内容のものにするのか、何回かのやり取りを交わし、正式に出版企画がまとまったのは、約3カ月後の七月中旬のことだった。ただし、当時、筆者は複数の研究書の編集担当を務めていたこともあって、本書に取り掛かったのは、秋になってからのことだった。他の執筆者の原稿は正月明けには出そろったが、編者である筆者の原稿が一番遅れてしまい、ようやく出版の運びとなった。他の執筆者の皆さんにお詫びしておきたい。

いま類書がないと書いたが、アマゾンで検索してみると、趣味本や踏切を題材にした小説は出てくるが、踏切事故を直接にテーマにした書籍はひっかかってこない。もっとも、過去には『踏切事故の実態と対策』（佐々木軍治著、一九五八年）といった書物が発刊なされているが、現在では技術者向けの踏切保安装置などを解説したものがある程度である。そこで、本書では、現在の問題点や課題を明らかにするだけなく、踏切とその装置、ならびに事故の歴史を歴史的に概観する章も設けている。また、海外の踏切事情を知るために、韓国の踏切事故の現状を解説した章も起こしている。

踏切事故は、列車と通行者の接触によって発生する。換言すれば、列車の運転士と通行者が交錯したときに事故となる。通行者は歩行者の場合もあれば、自転車に乗った人、車イスの人、そして単車や車のドライバーなど多様である。本書では、一方の側の運転士は登場するが、通行者の側は登場しない。通行者や被害者・遺族の視点からみた踏切問題に触れることができなかったことが心残りである。

最後になったが、高文研の小林彩さんには大変お世話になった。また、座談会でお世話になったＪＲ西日本の現役運転士の方々にも御礼申し上げたい。

二〇一五年二月

安部　誠治

安部　誠治（あべ せいじ・編者。はじめに、第Ⅰ章、あとがき担当）
1952年生まれ。大阪市立大学助教授、関西大学商学部教授などを経て現在、関西大学社会安全学部教授。東京電力福島原子力発電所における事故調査・検証委員会技術顧問、公益事業学会長、消費者安全調査委員会臨時委員などを歴任し、現在、事業用自動車事故調査委員会委員、鉄道安全推進会議副会長。専門：公益事業論、事故防止論。

吉田　裕（よしだ ゆたか・第Ⅱ章、第Ⅲ章担当）
1972年生まれ。現在、関西大学大学院社会安全研究科後期博士課程在籍。専門：ヒューマンファクター論。

銭場　裕司（せんば ゆうじ・第Ⅳ章担当）
1974年生まれ。98年毎日新聞社入社。東京本社社会部などを経て、現在、特別報道グループキャップ。

李　容相（イ・ヨンサン・第Ⅴ章担当）
1960年生まれ。韓国鉄道研究院・責任研究員を経て、現在、韓国・又松大学校鉄道物流学部教授。専門：鉄道政策論。

鄭　炳玹（チョン・ビョンヒョン・第Ⅴ章担当）
1969年生まれ。韓国鉄道研究院・専任研究員を経て、現在、韓国・又松大学校鉄道物流学部副教授。専門：交通政策論。

乾　和代（いぬい かずよ・第Ⅵ章担当）
1983年生まれ。2006年西日本旅客鉄道株式会社入社。現在、同社電車運転士。

踏切事故はなぜなくならないか

●二〇一五年　六　月三〇日――――第一刷発行

編著者／**安部　誠治**

発行所／株式会社 **高文研**
東京都千代田区猿楽町二―一―八
三恵ビル（〒一〇一―〇〇六四）
電話03＝3295＝3415
http://www.koubunken.co.jp

印刷・製本／三省堂印刷株式会社

◇万一、乱丁・落丁があったときは、送料当方負担でお取りかえいたします。

ISBN978-4-87498-571-7　C0036